LOCUS

LOCUS

from

vision

from 52

經濟自然學

（10 週年暢銷經典新版）

為什麼經濟學可以解釋幾乎所有的事物

*The Economic Naturalist*

*In Search of Explanations for Everyday Enigmas*

作者：羅伯・法蘭克（Robert H. Frank）

譯者：李明

責任編輯：湯皓全、吳瑞淑

美術編輯：何萍萍

校對：呂佳真

出版者：大塊文化出版股份有限公司

台北市 10550 南京東路四段 25 號 11 樓

www.locuspublishing.com

電子信箱：locus@locuspublishing.com

讀者服務專線：0800-006689

TEL：(02) 87123898　　FAX：(02) 87123897

郵撥帳號：18955675　　戶名：大塊文化出版股份有限公司

法律顧問：董安丹律師、顧慕堯律師



總經銷：大和書報圖書股份有限公司

地址：新北市新莊區五工五路 2 號

TEL：(02) 89902588 ( 代表號 )　　FAX：(02) 22901658

初版一刷：2008 年 7 月

二版一刷：2019 年 8 月

定價：新台幣 350 元

Printed in Taiwan

# The Economic Naturalist
# 經濟自然學

Robert H. Frank 著
李明 譯

# 目次

謹將此書獻給

湯瑪斯・謝林（Thomas C. Schelling）

——當代最了不起的經濟自然學家

# 謝辭

我剛開始教經濟學入門的課程時，有位資深同事建議，每堂課開場先講一則笑話。他說這樣讓學生一上來就有好心情，也比較容易吸收接下來的課程內容。我並未採納這項建議，倒不是覺得他的說法不對，而是我認爲每堂課都要想出一則相關的笑話實在太難，而要是講不相干的笑話，反有迎合學生之嫌。

不過運氣不錯，我恰好看到一則適合放在本書開場的笑話。場景是在波士頓，那裡素以博學多聞的計程車司機著稱，其中不少是哈佛與麻省理工學院的輟學生：

一位女士拖著行李走出機場，跳進一輛計程車，急著想享用一頓新英格蘭海鮮大餐。她告訴司機：「載我去可以吃到小鱈魚的地方。」（Take me to a place where I can get scrod.）

只見司機揚起眉毛，說道：「這是我頭一回聽到有人用過去完成假設語氣來說這句話。」

沒什麼人搞得懂過去完成假設語氣究竟是怎麼回事。我也不知道，或者不知道自己知道。所以我查了網站的搜尋引擎 ASK JEEVES：

> 過去完成假設語氣是用以表達一種假設狀況或與事實相反的行動。主要子句中的動詞爲條件性形式，而附屬子句則應使用假設語氣的動詞。

一九九〇年代後期紐約洋基隊的球迷，對下面這個例子想必不陌生。話說二壘手查克・諾布羅克（Chuck Knoblauch）不知何故，就是沒法把球傳到一壘手提諾・馬丁尼茲（Tino Martinez）手裡：「如果諾布羅克能將球傳到一壘，洋基隊應該就可以獲勝。」

(The Yankees would have been out of the inning if Knoblauch had made the throw to first.)

由上面的文法說明和實例可知，那則笑話裡的女士用的根本不是什麼過去完成假設語氣。如果那則笑話確有笑果，只能說是因爲絕大多數人對這種動詞時式毫無概念。

這有什麼關係嗎？有些心理學者一度認爲，如果不詳細了解各種假設語氣，就沒法清楚思考假設性狀況。這種論調根本經不起驗證。好比說，美國體育轉播員並不了解過去完成假設語氣（或是不想使用這種動詞時式），但他們還是有辦法陳述與事實相反的假設性推論。就以前面洋基隊的例子來說，套用一九九〇年代後期轉播員包比・墨瑟（Bobby Murcer）常用的說法，就會變成：「諾布羅克把球傳到了一壘，他們就可以獲勝。」

(Knoblauch makes the throw, they're out of the inning.)

了解過去完成假設語氣是怎麼回事當然不壞，可是如果你的目標是學會講一種新語言，那麼與其把時間和精力投注到這些繁複的技術性細節，不如由其他方面下手要好得多。把文法的枝枝節節作爲重點的語言課，既引不起學生興趣，效果也其差無比。

中學時代我學過四年西班牙文，大學修過三學期德文。那些課程花了很多時間研究過去完成假設語氣，還有授課老師覺得重要的文法規則。可是我們沒學怎麼講。造訪西班牙和德國時，我連溝通最起碼的觀念都相當困難。許多朋友也向我提及類似的遭遇。

我首次發覺學習語言還有更有效的方法，是以和平工作團（Peace Corps）志工身分到尼泊爾服務前受訓的時候。課程爲時僅十三週，內容與我先前上過的語言課迥然不同，完全不提什麼過去完成假設語氣。課程主要任務是教會我們講尼泊爾話，是否精通文法規則與達成這項目標全然不相干，因此訓練的方法就是模仿小孩怎麼學說母語。

老師以一些簡單的句子開始，而且反覆多次。第一句是：「這帽子很貴。」尼泊爾買東西都要講價，所以這個句子非常實用。下一步老師會提示不同的名詞——如襪子，我們就必須立刻說：「這襪子很貴。」訓練的目標是讓我們能不假思索地反應。

簡言來說，老師以某個熟悉情境中的簡單例子開始，讓我們練習好幾遍，然後稍加變換，再讓我們練習。一旦我們能在現有水準上運用自如，就再往前推進一點，但絕不躁進。

這項訓練旨在確保學員十三週後就能展開任務。我和其他志工必須在抵達尼泊爾之後，立刻教授科學與數學。結果一切從零開始的我們，眞的完成了這項不可能的任務。

整個訓練過程帶來的充實感，是我在傳統語言課程中從未感受過的。

所以首先要感謝多年前教我尼泊爾語的老師，他們打開我的視野，讓我體驗到「少即是多」的學習方式。數十年來，我的學生也和我一樣，發現這種方式也讓學習經濟學核心觀念的經驗大不相同。

大多數經濟學入門課程中，學生必須花許多時間去理解相當於過去完成假設語氣的經濟學知識。對比之下，本書所提到的經濟學觀念，全都出現在日常生活場景中，取材自你熟悉的經驗。學習經濟學就和學習新的語言一樣，開始時要放慢步伐，把每個理念放到不同的場景中反覆探討。如果你發覺這種學習方法勝過你在大學內修習的經濟學入門課程，請向我的尼泊爾語老師致敬。

本書是許多聰明頭腦的結晶。在此感謝多位人士對我的初稿提出修正建議（Ellen McCollister, Phil Miller, Michael O'Hare, Dennis Regan, Andy Ruina, Hal Bierman, Chris Frank, Hayden Frank, Srinagesh Gavirneni, Tom Gilovich, Bob Libby）。有些人對我的幫助值得特別感謝。書中不少例子是源自喬治・阿可洛夫（George Akerlof）以及理察・塞勒（Richard Thaler）提出的觀念，前者是我的老師，後者則是我從前的同事。不過對我

學問啓發最深刻的是湯瑪斯‧謝林（Thomas Schelling）——當代最了不起的經濟自然學家，因此我把本書獻給他。

和本書插畫者米克‧史蒂芬斯（Mick Stevens）合作是一大樂事。我天生不太容易嫉妒別人，不過如果要我想像有什麼工作比經濟學者更好玩，那應該非他的職業莫屬。多年來，我盡可能利用簡單的圖畫或其他插圖來搭配課堂的討論。雖然我的圖畫相當拙劣，也不見得有什麼特定的經濟學意涵，但這種作法似乎讓學生對經濟學的觀念印象更爲深刻，或許學習理論專家可以解釋箇中道理何在。我鼓勵學生畫些概略的圖像，配合新學到的理念。我會告訴他們：「在你的筆記本上塗鴉！」我何其有幸，能夠向最喜愛的《紐約客》(*New Yorker*)漫畫家描述自己對插畫的構想，並且幾天之內就看到它們出現眼前，而且遠比我想像中更棒。

我要特別感謝約翰‧奈特學科寫作協會（John S. Knight Institute for Writing in the Disciplines），在一九八〇年代初讓我有機會參加它在康乃爾大學舉辦的計畫。如果不是這項計畫，我就不可能有機會發想以「經濟自然學家」（The Economic Naturalist）的報告當學生作業，最終促成本書的誕生。

不過最重要的，我希望向我的學生致謝，因爲他們生動的文章乃是本書靈感的來源。他們提出的問題納入本書的只占一小部分，但由於選自數千份作業，精彩自不在話下。

本書中大部分問題是直接取材於學生的文章，因此我在相關問題後面會把他們的名字列在括號中。（參見書末附錄：〈問題索引〉。）少數問題是由一些文章或書籍中獲得靈感，大都是經濟學者的著作，作者的名字也列於括號中。至於未列作者名字的問題，大都取材我個人著作或課堂舉過的例子。

爲了感謝過去學生的貢獻，我將本書版稅半數捐贈康乃爾大學的約翰・奈特學科寫作協會，因爲我確信對康大未來學子而言，沒有什麼比這項禮物更能有效提升學習的經驗。

# 導論：經濟自然學

爲什麼免下車提款機的按鍵上會有盲人專用的凸起點字？用到這類提款機的人絕大多數是開車族，當然不可能是盲人。我的學生比爾・特喬亞（Bill Tjoa）分析，一般型提款機必須要有點字按鍵，所以廠商乾脆在所有機型上都裝置這種按鍵，以降低生產成本。否則你得備有兩種不同按鍵的庫存，而且送貨前還必須確認無誤。何況附加點字的按鍵也不致造成開車族提款者不便，也就沒有理由多花成本裝置不同的按鍵。

提出問題並進行相關分析的特喬亞是選修我經濟學入門的學生，這是他所繳交兩篇「經濟自然學家」（The Economic Naturalist）指定作業的一篇。我要求學生「運用課堂上教過的經濟學原理，針對日常生活中親身觀察到的有趣事件或行爲模式，提出問題並

免下車提款機按鍵也有盲人專用的凸起點字：有何不可？

找出答案」。

我還規定：「篇幅以五百字爲限，因爲許多優秀的論文字數還要少得多。文章裡不能充斥複雜的術語，你要想像自己是跟一堂經濟學都沒上過的親友對話。最傑出的論文就是讓這種人也看得懂，也很少用到任何數學或圖表。」

就像特喬亞有關自動提款機按鍵的問題一樣，那些最好的作業都提出看似矛盾難解的元素。我最偏愛的是珍妮佛·杜爾斯基 (Jennifer Dulski) 一九九七年提出的問題：「爲什麼新娘子花那麼多錢——往往好幾千美元

**「這位是宋戴克博士。他是經濟學家，不過他眞的是很好的人。」**

——訂製以後根本沒機會穿的結婚禮服；但新郎卻往往租一套廉價的燕尾服，雖然他以後會穿到的場合可能還不少？」

杜爾斯基認爲，大多數新娘都希望大喜之日出色亮眼，所以婚紗出租公司必須準備大批款式獨特的禮服——每種尺碼可能都得有四、五十種款式。每件禮服出租的機會不多，甚至可能四、五年才一回。正因如此，公司收取的租金必須高於禮服的購買價格，才足以收回成本。如果買比租還便宜，自然不會有人去租。反之，新郎往往不那麼講究，願意接受標準的款式，所以出租公司每種尺寸只要準備兩、三種燕尾服樣式即可。由於每套服裝一年都可租出去好幾回，租金自然比購買價格低得多。

本書是我多年來蒐集到最有趣的經濟自然學家的例子，希望讀者也能如特喬亞和杜爾斯基一樣，從解開日常生活看似矛盾的行爲中獲得樂趣。雖然許多人把經濟學視爲艱澀難懂的學問，但其實基本的經濟學原理相當簡單而合乎常情。透過具體的案例理解這些原則如何運作，可以讓讀者輕鬆掌握箇中關鍵。

可惜大學課堂中教經濟學往往不是這麼回事。我在康乃爾大學執教後不久，幾位外地的友人不約而同寄了這幅漫畫給我。

漫畫也是一種資料。如果覺得漫畫很有意思，就代表它能反映一些周遭世界的事情。其實沒收到這幅漫畫前我就注意到，每當社交場合中有人詢問我的職業，聽到我的回答是經濟學家時，他們好像都有點掃興。追問之下，許多人會提及多年前修過經濟學入門課程，裡面有「好多可怕的圖表」。

## 經濟學課堂沒教你的事

美國大學生十九%修過一門經濟學課程，二十一%修過一門以上，只有二%繼續主修經濟學，至於攻讀經濟學博士的更屬鳳毛麟角。①可是許多充斥公式與圖表的經濟學入門課程，似乎卻是爲這極少數者而開的。

結果是大多數修習這門課程的學生都沒學到多少。上過六個月課後參加基本經濟學測試的學生，成績不比從沒上過課的人好多少，②眞是太過離譜。對這種毫無成效的課程，大學怎麼還好意思收費好幾千美元？

這表示大家好像連基本的經濟學原理都不懂。如果修過經濟學的課，至少該聽過「機會成本」（opportunity cost）一詞。從事一項活動的機會成本，就是你爲此而必須放棄的一切事物的價值。

舉例來說，如果你得到一張免費門票，可以去聽今晚艾瑞克・克萊普頓（Eric Clapton）的演唱會，但門票不得轉售。剛好鮑伯・狄倫（Bob Dylan）今晚也有演出，你很想參加。狄倫的票價是四十美元，而你最多只願意花上五十美元（不過，如果票價超過五十美元，即使沒其他事要做，你也會放棄聽他唱歌的機會）。如果欣賞兩場演出都沒有其他成本，請問你參加克萊普頓演唱會的機會成本爲何？

要參加克萊普頓演唱會，你唯一的犧牲就是狄倫的演唱會。如果沒參加狄倫的演唱會，你將損失對你而言價值五十美元的演出，可是在此同時，你也不用花四十元買票。所以你眞正的損失應該是$50－$40＝$10。如果欣賞克萊普頓演出的價值不低於十美元，你就該去。否則你就該花錢去聽狄倫的演唱。

機會成本是經濟學入門中公認最重要的兩、三個觀念之一，可是現有的證據卻顯示，大多數學生對這個觀念根本談不上任何基本的認識。③保羅・費拉洛（Paul Ferraro）與羅拉・泰勒（Laura Taylor）最近曾經拿克萊普頓／狄倫的問題考學生，要他們在下列四個答案中選一個：

a〇美元　b十美元　c四十美元　d五十美元

前面提過，正確的答案是十美元，這是你不參加狄倫演唱會犧牲的價值。可是他們拿這個問題考二百七十名曾修過一門經濟學的大學生，答對的只有七．四％。由於只有四個選項，隨便猜猜也該有二十五％的人答對，因此這似乎顯示一知半解可能比一無所知更糟糕。

費拉洛與泰勒拿同樣的問題請八十八位從未修過經濟學的學生作答，結果正確率為十七．二％，比修過經濟學的學生高出一倍以上，不過還是低於隨機亂答的比率。

為什麼修過經濟學的學生表現並沒有比較好？我猜測主要的原因在於一般的經濟學入門課程中，教授一古腦兒灌輸幾百個觀念，因此學生對機會成本根本沒什麼清楚的印象。如果他們沒下過一番功夫，以不同的例子反覆應用某一個觀念，就不可能有切實的領會。

費拉洛與泰勒則提出另一個解釋：教課的老師本身也未必透徹掌握機會成本的觀念。他們把這個問題請教參加二〇〇五年美國經濟協會的一百九十九位專業經濟學者，結果答對者只有二十一．六％，選〇美元的為二十五．一％，選四十美元的為二十五．六％，還有二十七．六％選五十美元。

費拉洛與泰勒翻閱幾本最通行的經濟學概論教科書，發現大多數對機會成本觀念都未給予充分的注意，也難怪學生答不出上面的問題。這些教科書對機會成本只是概略介紹，並未就此提出詳盡而深入的解說，甚至某些通行教科書的名詞索引中，連「機會成本」一詞都未列入。

但機會成本其實可以解釋許多行爲模式。就以一般常會談到美國沿岸大城市與中西部小城之間的文化差異爲例，爲什麼住在紐約曼哈頓的人往往沒耐性，而堪薩斯州托佩卡（Topeka）的居民卻親切有禮？

當然你可以質疑這種說法，不過大多數人似乎覺得頗符合實情。如果你在托佩卡問路，人們會停下來幫助你；但在曼哈頓，或許對方連看也不看你一眼。由於曼哈頓的薪資水準乃至各類豐富的活動，都在全球名列前茅，也就表示當地人的時間很值錢，因此紐約客比較沒耐性應該並不令人意外。

## 來自生物學的啓發

我之所以將學生的作業取名爲「經濟自然學家」，靈感來自生物學入門課程，因爲這門課可讓學生有能力回答一些重要的問題。你只要懂得一點演化論，就可以發現過去從

爲什麼公海象體型要比母海象碩大許多？

未注意到的事物。這項理論能讓你了解世界的構成與類型是如此多采多姿，值得用心體會與思索。

比如說有個標準的演化問題：④爲什麼多數脊椎動物雄性比雌性大？像公海象可能長達二十英呎，重達六千磅，而母海象的體重則在八百至一千兩百磅之間。

類似的性別差異也可以在大多數脊椎動物身上看到。演化論的解釋是：大多數脊椎動物爲一夫多妻制，因此雄性必須爭奪接近雌性的機會。公海象彼此會在海灘上纏鬥好幾個小時，直到有一方遍體鱗傷、筋疲力竭服輸爲止。

例外可證明規則：一夫一妻制的信天翁，雌雄體型大致相當。

戰鬥的勝利者幾乎可以獨占與母海象交配的機會，「後宮」可能有高達一百隻母海象。⑤這是達爾文式競爭中勝出者的獎賞，也可以解釋為何雄性體型大那麼多。因基因突變而體型較大的雄性，在爭奪戰勝過其他雄性的機會高得多，因此牠的基因遺傳下一代的可能性也較高。簡言之，雄性體型這麼大的原因，在於體型小的雄性少有機會親近雌性。

類似的解釋也適用於公孔雀展開的大尾巴。實驗顯示，母孔雀喜歡羽毛長的公孔雀，因為羽毛長代表健康良好，因為身上長寄生蟲就不可能保有鮮明的長尾巴。

不論是公海象碩大的體型或公孔雀的

長尾巴，有利個別雄性的條件，對全體來說反而有害。假使公海象平均體重只有目前六千磅的一半水準，處境會比較有利：牠們彼此間的爭鬥結果不會改變，可是每隻公海象逃過獵食者的機會都提高。同樣地，如果所有公孔雀的開屏幅度都減半，並不致影響母孔雀的選擇，可是所有公孔雀逃脫獵食者的機會都會增加。可是我們看到的公海象體型還是那麼龐大，公孔雀還是拖著長長的尾巴。

當然，演化的「軍備競賽」不可能無止境地繼續下去。總有一天，更龐大的體型或更長的尾巴對生存帶來的威脅，會超過贏得雌性青睞的好處。成本與效益的均衡，反映在存續的雄性所具備的特徵上。

生物學家的敘述很有趣，而且前後一貫，聽起來很有道理。因此，如果觀察一對雌雄廝守終生的物種，就看不到體型的差異，這就是「例外可證明規則」。對於一夫多妻的動物，我們預測雄性體型會較大；如果這點不存在，雄性的體型就不會比較大。例如，信天翁為一夫一妻，因此根據這項理論推測，雌雄體型應大致相當，而結果也正是如此。

生物學家關於雌雄性體型大小的論述有一定的根據，所以容易記得，轉述給別人也很有趣。如果你能把這種例子講得頭頭是道，比起一味死記鳥類在生物學分類上屬於什麼綱什麼目，你對生物學的理解一定更爲深入。根據經濟學原理來進行敘述性的解釋，功效也正是如此。

大多數經濟學入門課程（我早年的教學也不例外）很少用到敘述，而是塞給學生一大堆公式與圖表。數學是推動經濟學理論發展的重要源頭，可是對入門者卻不是什麼有效的工具。除非理工科系或極少數學背景不錯的學生，否則以公式與圖表作爲學習經濟學的主要方式，往往無法眞正進入狀況，像經濟學者一樣思考。他們把大半時間耗費在弄懂數學的枝節上，以致對經濟學觀念背後的簡單道理反而渾然不知。

人類的頭腦相當有彈性，能吸收各種形式的新資訊，不過某些形式的資訊比較容易吸收。大多數學生都覺得理解公式與圖表有困難，可是由於人類演化過程中不斷在說故事，幾乎人人都比較容易吸收敘述形式的資訊。

我能有這項體認，說來相當湊巧，乃是由於大約二十年前有機會參加康乃爾大學的跨學科寫作計畫。該計畫是源自有項研究指出，書寫是最佳的學習方式之一。正如華特·道爾（Walter Doyle）與凱西·卡特（Kathy Carter）這兩位敘述學派學習理論（narrative theory of learning）倡導者所言：「敘述觀點的核心，在於人類普遍有把自身經驗『故事化』的傾向，也就是對資訊與經驗賦予敍述性的解釋。」⑥心理學者傑若米・布魯納（Jerome Bruner）也是敍述學派學者，他觀察到兒童會「把事物轉化爲故事，而且想理解自己生命的意義時，也會把過往經驗故事化，作爲進一步思考的基礎……如果他們無法把某件事以敍述的方式來理解，就很難牢牢記住，似乎也無法供進一步的思索」。⑦

簡單來說，人類大腦似乎比較容易吸收敍述形式的資訊。我的經濟自然學家作業就是根據這一特性而設計。學生報告的題目必須是一個有趣的問題，這種規定有三項好處：首先，爲了提出一個有趣的問題，學生得先過濾掉一堆問題，這樣的思考過程很有幫助；其次，學生會覺得這種作業比較好玩，也願意投入更多精力；第三，學生如果能提出有趣的問題，也會比較樂於告訴別人。如果你不能把觀念運用到課堂之外，就談不上眞正的了解，而一旦你可以自行活用，這項知識就永遠是你的。

## 成本—效益原則

一切經濟學觀念之母就是成本—效益原則：我們是否該做一件事，乃是取決於因此獲得的額外利益是否高於得額外付出的成本。聽起來再簡單不過吧？可是應用起來未必那麼容易。⑧

例一：你打算在校園旁的店裡買個鬧鐘，價錢是二十美元，可是朋友告訴你，同樣的鬧鐘城裡的商場只賣十美元。你是否會上城裡買？還是就近買貴十美元的鬧鐘？假設兩種狀況的維修保固條件相同，都得送到製造商那裡修理。

**當然，這種問題的答案沒有一定的對錯，必須靠每個人評量自身的成本與效益而定。不過我們拿這個問題請人回答時，大多數人都會說要進城去商場購買。**

下面是另一個問題：

例二：你打算在校園旁的店裡買一台電腦，價格是二千五百一十美元，同樣的電腦在城裡賣場的價格是二千五百美元。在保固條件相同的狀況下，你會在哪裡購買？

這次大多數人回答會在校園旁購買。這個答案本身並不能說不對，可是如果分析一下理性的人在兩種狀況下該怎麼做時，那麼根據成本—效益分析，兩者的答案應該相同。因為進城購買的效益同樣是十美元，也就是能省下的價錢；而相對的成本則是進城一趟所耗費的時間與金錢，在這兩個例子中也沒有差別。既然兩者成本相同，效益也相同，答案豈不也該相同？

大多數人覺得，進城買鬧鐘可以便宜五十％，感覺起來省下的錢好像比二千五百一十美元的電腦只省十美元來得多。但這並非正確的分析方法，以百分比的角度來思考，在其他層面上或許適用，但這裡則不然。

你應該做的是評量相關的成本與效益。如果以有趣的例子說明成本—效益原則的應用，你就可以用生動的方式來敍述。把這些問題詢問友人，看他們如何回答，然後再進行討論，應該可以加深你對成本—效益原則的體會。

每當我用一些例子解釋過某項原理後，會再要求學生把這項原理應用到指定的作業中。以下就是說明鬧鐘與電腦的例子後，我要求他們回答的問題：

例三：你近期要出差兩趟，而你有一張機票折價券可於其中一趟旅程抵用。到芝加哥兩百元的機票可以折抵九十美元，而到東京兩千美元的機票則可折抵一百美元。請問你會把折價券用於哪趟旅程？

幾乎每個學生都答對了：應該折抵東京的機票而省下一百美元。不過即使人人都答對，也未必表示這個問題沒有價值。如果你的用意在於讓核心觀念成爲可運用自如的知識，唯一的方法就是透過實際應用與反覆鍛鍊。

本書所選的問題，並非僅著眼趣味性，也是在於能讓人積極思考經濟學中最重要的基本原理。我希望讀者透過這本書，能輕鬆自在甚至滿懷愉悅地學習到這些原理。由於這些問題都很有趣，而且答案相當簡短，所以也可作爲談話的好題材。

我告訴學生，他們的答案應該僅能算作不錯的假說，有待進一步修正與測試，未必就是最終的定論。在我和柏南克（編按：Ben Bernanke，現任美國聯準會主席）合著的《經濟學原理》（*Principles of Economics*）中，提及提款機使用盲人點字鍵的例子，⑨結果收到一封表示異議的電子郵件，指出點字按鍵的眞正原因，是美國相關的殘障法令有此要求，也列出登載此項規定的網站連結。沒錯，這樣的規定的確存在，要求所有提款機都應有點字按鍵，即使免下車型也不例外。⑩因為在少數特例下，或許有些搭計程車的盲人會用到這種提款機，因為他們不希望把提款密碼透露給司機。

我覆信時提及，我曾告訴學生他們的答案不一定要正確，同時也請來函者思考一下採行這項規定的背景。如果免下車型提款機裝置點字按鍵所費不貲，還可能通過立法嗎？應該絕無可能。事實是這項規定既不致增加成本，也沒什麼妨礙，偶爾還真能發揮作用，因此主管單位認為此項要求有利無害，至少年底時還可吹噓為自己的一件功勞。因此，我認為我的學生特喬亞所提出的解釋，比那位不滿的來函者更高明。不過在其他例子中，更合理、更完整的答案應該還是所在多有。

因此請你以挑剔的態度閱讀下面各章問題的答案，或許你有獨到的知識，能補充我們的不足之處。例如某位婚紗店業者就告訴我，新娘之所以購買而不租借結婚禮服，另一個原因是因為禮服為求合身，必須修改多處，而租借的禮服經不起一改再改。這當然是個合理的說法，不過基本上並未否定杜爾斯基原先解釋的核心經濟觀點。

# 1　方的牛奶盒與圓的飲料罐

## 產品設計經濟學

每項產品爲什麼會以目前的形態問世？要完整回答這個問題，就不能不引用成本—效益原則。前面提過，提款機全都有盲人點字按鍵，連免下車機型也不例外，相關的解釋也與成本—效益原則有關。因爲生產者製造兩種不同按鍵的成本，高於預估可獲得的利益。

一般而言，除非產品價值（也就是效益）的提高足以彌補成本的增加而有餘，否則生產者不會有意願增添某項產品特質。幾乎所有產品的設計都是一種取捨，一方面希望提供最受消費者歡迎的特性，但另一方面也得兼顧價格的合理，才具有競爭力。

由汽車款式的演變，最能看出這種取捨關係。一九六一年春季我念高一時，買了生平第一輛車子。當時分類廣告刊出的資訊是：「一九五五年龐迪亞克（Pontiac）雙門Chieftain、V8、收音機、暖氣、換檔桿，三百七十五美元，可議價。」今天所有車子都裝設暖氣，但一九五五年還是選項配備。我那時住佛羅里達州南部，很多車子都沒暖氣，不過碰上冬季特別冷的幾天，裝了暖氣還是不錯的。只不過當時所得水準比現在低很多，不少購車者寧願放棄這一配備，買較便宜的車子，所以車廠如果只生產附暖氣的車款，就可能會給競爭對手以未附暖氣的便宜車搶走顧客。

然而隨著所得提高，爲了省點錢而忍受酷寒的消費者逐漸減少。一旦未附暖氣車款的需求降到某個程度，車商就不願意再展示這類車。當然你還是可以用較高的價格，訂製這種車子，但顯然不會有人笨到這麼做。因而到最後，沒暖氣的車子就此在市場消失。

我的龐迪亞克V8引擎車在一九五五年算流行的車款，另一種也很普遍的選擇是六汽缸引擎。V8的優點是加速明顯優於六汽缸，但除了價格較高外，也較爲耗油，只不過那時候油價低廉，所以這項成本相當有限。

接下來是一九七〇年代中東石油禁運，以致油價在一九七三年中由每加侖〇・三八美元暴漲到〇・五二美元。一九七九年發生二次石油危機，造成油價於一九八〇年飆漲到一・一九美元。隨著油價大幅上漲，許多消費者覺得V8優越的加速性能已不再符合成本—效益原則，因此這種車型就此消失。不過當時六汽缸引擎還是很普遍，而一九七〇年代美國少見的四汽缸汽車也趁勢迅速崛起。

但一九八〇年代初期油價又趨穩定，而且和其他商品比較的相對價格還開始下降。一九九九年一加侖汽油爲一・四美元，但如按實質價格計算，甚至還低於一九七三年中〇・三八美元的水準（也就是說，一九九九年的一・四美元能買到的東西，要比一九七三年的〇・三八美元來得少）。因此大引擎汽車在一九九〇年代又開始風行起來。

隨著近年來油價再度飆升，我們又看到一九七〇年代的趨勢重現。早在油價於二〇〇五年漲到一加侖三美元之前，福特（Ford）就已停產最大型運動休旅車Excursion——每加侖跑十英里，重量七千五百磅。由於目前油電混合車需求殷切，經銷商常以高於定價出售。

上述種種的演變，一言以蔽之，就是產品特性的設計取決於成本—效益原則。在這項原則下，採取任何行動的前提，就是相關的利益至少得等於成本。因此產品要添加某項特性，除非其效益（即消費者願意多付的金額）等於成本（即生產者須多付的成本）。

這一原則也適用於汽車變速器的演變。我那輛一九五五年龐迪亞克的手排檔爲三段變速，在當時爲標準格式，而我今天開的手排車卻有六段變速。其實一九五五年車廠要製造六段變速排檔亦非難事，爲什麼沒這麼做？

當然，車廠得權衡這項改變的成本以及消費者是否願意支付。在成本面，每增加一段變速都會提高變速器成本，變速段數愈多的車，價格也愈高。但消費者願意爲此支付較高的價格嗎？就效益面言，增加段數可改善加速與油耗，因此答案就在消費者願意爲這些好處付出多少代價。

汽車至少要有兩段或三段變速才能駕駛。(如果只有一段，你會選一檔？還是二檔？) 因此就產品設計來說，我那輛一九五五年的龐迪亞克三段變速車顯然屬於最低標準。由於現在我們的經濟能力勝過從前，所以願意爲較佳的加速付出更高的價格。更何況在油價高漲下，省油的好處也更爲突出。正是由於這些變化，使得三段手排檔車在車市消失。

由本章的例子可以發現，引領汽車設計演變的成本—效益原則，也適用於幾乎所有的產品與服務。下面三個例子顯示，如果某項產品特性能發揮的場合有限，廠商通常就不會添加上去。

## 1 爲什麼一打開冰箱冷藏室燈就會亮，但冷凍室卻不會？

尋找這個問題的答案時，經濟自然學家直覺的反應就是檢驗相關的成本與效益。不論冷藏室或冷凍室，裝置自動亮燈設備的成本大致相同，而且這屬於固定成本，與開門次數多寡無關。至於效益面，燈光讓找東西比較方便。由於多數人開冷藏室的次數遠多過冷凍室，所以冷藏室裝燈的好處自然也大得多。在成本相同的情況下，冷藏室裝燈也更能符合成本—效益原則。

當然，冷凍室裝燈的效益，對每位消費者未必相同，通常會隨著所得提高而增加。因此根據成本—效益原則，或許金字塔頂端消費者會覺得冷凍室裝燈提供的方便性，值得他們多付出些成本。我們也的確看到 Sub-Zero Pro 48 冰箱不但冷凍櫃有燈，連分離式製冰機也不例外。這款冰箱價格多少？一萬四千四百五十美元。因此 Sub-Zero Pro 48 可算是「例外可證明規則」的又一例。

## 2 爲什麼筆記型電腦適用每一國家的插座，而其他的電器則不行？

美國電力系統的電壓爲一一〇伏特，但不少國家是二二〇伏特。筆記型電腦的電源內部裝有變壓器，因此兩種電壓都可使用。但冰箱、電視等家電，卻只適用既定的單一電壓。如果一台美國冰箱在法國使用，必須另以變電器把二二〇伏特的電壓轉換爲一一〇伏特。同樣地，在美國看南韓製電視，也必須以變電器把電壓由一一〇伏特轉換爲二二〇伏特。爲什麼其他電器不像筆記型電腦那樣適用於所有插座？

以二二〇伏特輸送電力比一一〇伏特便宜一些，但危險性也略高。最初決定選用何種電壓，各國通常都經過一番辯論，只不過一旦定案，就必須投資龐大資金以建立電力系統。因此現階段期望各國採行統一的電壓標準，顯然是不切實際的奢望。因此攜帶電器到不同國家的人，就必須想辦法讓這些設備在不同電壓系統均能使用。

在電器內裝置變壓器就是一種解決之道，只不過成本也會提高。由於絕大多數冰箱、洗衣機、電器與其他家電很少在某一國售出後再帶出國外使用，所以在內部裝變電器自然不划算。

筆記型電腦卻是個明顯的例外，推出初期尤其如此。因爲率先使用筆記型電腦的人，絕大多數都會在國內外出差時攜帶同行。對他們來說，搭乘國際航班還得帶著笨重的變壓器不啻是個累贅，因此筆記型電腦廠商一開始就將變壓器附裝於內部。

## 3　爲何二十四小時便利超商的門上還是裝鎖？

許多便利超商二十四小時營業，全年無休。既然店門從不關閉，爲什麼門上還要裝鎖？

首先，某些緊急狀況可能迫使這類商店也必須暫時關門。像卡崔娜颶風侵襲時，紐奧良居民必須緊急撤離，如果商店無人留守又未上鎖，勢必成爲趁火打劫者的目標。

就算這種必須暫時關門的情況不存在，購買沒鎖的門是否划得來，也不無疑問。因爲大多數的門並非裝設於二十四小時營業的建築物上，自然需要門鎖，因此所有的門都製作爲附鎖的統一規格，成本可以降低。這就像所有提款機的按鍵都有盲人點字，連免下車的提款機也不例外。

在下面兩個例子裡，產品設計的細節似乎與幾何定律有所關聯。

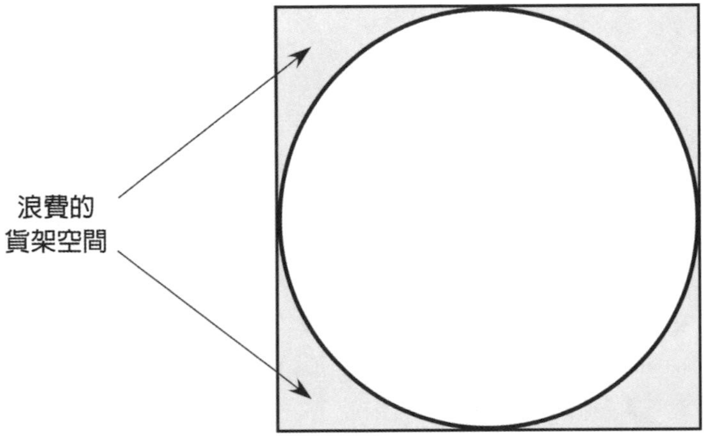


牛奶容器如果爲圓柱形，就需要更大型的冷藏櫃。

## 4　爲什麼牛奶多以長方形容器出售，而一般飲料容器則爲圓柱形？

各類飲料的容器不論爲鋁質或玻璃，幾乎都是圓柱形，不過牛奶的容器卻幾乎都是方形。方形的容器占用的貨架空間較爲經濟，爲什麼一般飲料廠商不採用呢？

一個可能的原因是，飲料通常直接就著容器飲用，圓柱形握在手裡比較舒服，因此廠商願意承擔額外的存放成本。但鮮奶通常是倒入杯中飲用，因此沒有這樣的顧慮。

不過就算大多數人直接由容器喝鮮奶，根據成本—效益原則，廠商還是不太可能使用圓柱形容器。雖然不管裡面裝的飲料是什麼，方形容器都能節省貨架空間，但牛奶能

鋁罐的高度降低、寬度增加，可以省下不少鋁材。

節省的貨架空間更值錢。因爲超市通常把大部分飲料陳列於開放型貨架，這項設備成本低廉，也沒有額外營運成本；而鮮奶必須存放於冷藏櫃，不但設備成本高，還有電費開銷，所以冷藏櫃內的貨架空間成本偏高，從而使鮮奶方形包裝的效益隨之提高。

## 5 爲什麼飲料鋁罐不採用最經濟的規格？

鋁罐的功能就是裝飲料。目前全球最普及的飲料鋁罐規格，高度（十二公分）大概是寬度（直徑六・五公分）的兩倍。如果鋁罐的高度降低、寬度增加，

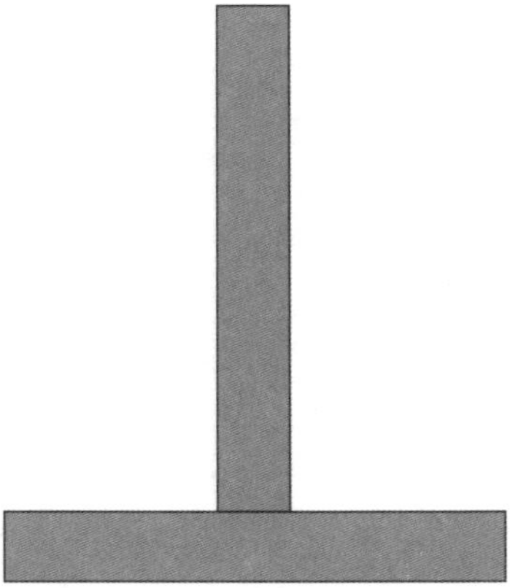

**垂直錯覺：垂直的長方形看起來比較長，其實是錯覺。**

可以省下不少鋁材。①例如高度七・八公分、直徑七・六公分的鋁罐，與目前通用的形制容量相同，但可以少用三十％的鋁。既然矮胖形鋁罐生產成本較低，爲什麼飲料廠商不採用？

一個可能的答案是消費者有垂直錯覺，也就是一種心理學者相當熟悉的視覺錯覺。如果問圖中哪個長方形比較長，大多數人都會肯定地指著豎的那個。可是你只須驗證一下，很容易確認兩者其實一樣長。

因此，消費者可能會認爲較矮的罐子裝的飲料較少而不願購買。不過，如果採信這種說法，代表對手廠商放過較輕鬆賺錢的機會。因爲消費者要是僅因爲視覺誤導而不願購買矮胖罐的飲料，對手廠商可出售這種包裝的飲料，並以簡單易懂的方式告知消費者，它的容量和傳統包裝一樣。由於矮胖罐的成本較低，所以售價有略微壓低的空間。因此如果視覺誤導是唯一的問題，對手廠商就擁有輕鬆獲利的機會。

另一個原因就是消費者偏好較高鋁罐的外型，即使知道容量相同，還是願意多付點錢，就像有些旅館客人寧願選擇價格較高但景觀好的房間。

產品設計的某些特質，有時是縝密思考相關特質如何影響使用者行爲後的產物。例如不想收到超速罰單的駕駛人，或許願意額外付錢裝設超速警報器。下面兩個例子提到的產品，反映的就是廠商考量特定的設計對產品使用可能造成的影響。

## 6 爲什麼報紙自動販賣機讓顧客有機會拿走多份報紙，而飲料販賣機則否？

如果你把四個兩毛五美金的銅板放入飲料販賣機的投幣孔，然後按下「可口可樂」鍵，一罐冰涼的十二盎斯可口可樂會落到槽內。如果想買第二罐，你得再投四個銅板。但是如果你投四個硬幣到報紙自動販賣機，整片遮板會開啓，你可以一舉拿走裡頭所有的《紐約時報》（*New York Times*）。當然，你理應只拿一份，而絕大多數人也的確遵守這項規矩。可是爲什麼報紙自動販賣機的安全標準設計這麼低？

這種設計的明顯優點在於成本節省得多，不須裝置只容一份報紙落下的孔道。硬幣投下之後，就會鬆開一個簡單的槓桿，開啓機器前方的遮板。如果飲料販賣機採用相同的設計，製造成本也會比較便宜。因此兩種販賣機的設計不同，關鍵應該在於效益面。兩項產品的主要差別，在於多拿幾罐飲料的顧客可以得到好處，但多拿幾份一樣的報紙，你也看不到更多的內容。

## 7 爲何某些汽車的加油孔位於駕駛側，而有些卻在另一側？

開著租來的車去加油時，最掃興的事莫過於拿起油槍時，才發覺加油孔和你自己開慣的車位在不同邊。爲什麼車廠不把所有汽車的加油孔放在同一邊，以免發生這種狀況呢？

在美國和其他靠右行駛的國家，左轉必須橫過對向車流，相較之下，右轉比較容易，因此大多數駕駛都會選擇可右轉進入的加油站去加油。假使加油孔都位於駕駛側，那麼車輛進到加油站，都得開到幫浦右側去加油，如此一來，尖峰時段加右側會塞滿車子，而左側卻空蕩蕩。

因此如果部分車輛的加油孔位於另一側，就可在幫浦左側加油，減少大排長龍的狀

加油孔如果都在駕駛側，等待加油的車陣會變長。

況。因此獲得的好處，應該遠超過租車時偶爾加油停錯邊的成本吧？

在某些狀況下，產品設計並非只考量產品如何使用，也兼顧產品打算傳達給使用者的訊息。由以下兩個例子顯示，以某些形式呈現的資訊，消費者吸收較容易或生產成本較低。

## 8 爲什麼紐約曼哈頓的計程車幾乎都是黃色轎車，而綺色佳的計程車多半是廂型車，而且各種顏色都有？

站在曼哈頓帝國大廈頂樓俯視三十四街，大概七十%的車輛是鮮黃色的小轎車，除了蓮花（Lotus）或藍寶堅尼（Lamborghini）等少數例外，這些黃車全都是計程車，而且多爲福特的 Crown Victoria。至於紐約州北部的大學城綺色佳，那裡的計程車既不是黃色，而且幾乎全是廂型車。爲何兩地會有這樣的差異？

雖然曼哈頓也可電話叫車，但路邊招車的情況要普遍得多，因此計程車應該顯眼一點以吸引視線。研究顯示，這方面鮮黃色效果最佳②（以往認爲紅色最顯眼，因此消防車都塗成紅色，不過現在不少消防隊已將車輛改塗黃色）。

曼哈頓的計程車通常僅載客一人，所以四人座以上的大車效用有限。對紐約計程車司機而言，小轎車自然是首選，因爲價格比廂型車便宜，也能滿足絕大多部分的載客需要。

綺色佳居民對計程車的需求形態則完全不同。當地自行開車的成本低很多，不像曼哈頓地區單是每月停車費用就可能超過五百美元，所以幾乎家家都有車。正因當地搭計程車的人少得多，車子滿街跑很不經濟，所以大都採電話叫車方式，也因此計程車沒必要漆成鮮黃色。

有人或許會反駁，紐約計程車漆黃色是爲符合該市的法規。這也沒錯，不過這就像我前面提過，有人認爲免下車提款機的盲人點字按鍵是爲符合法規一樣。當年因爲紐約計程車業亂象頻生，主管機關才規定車輛必須漆上統一顏色，以利乘客迅速辨識合法的計程車。至於之所以選擇黃色，是因爲那時大多數計程車已經是黃色。我們前面推論，計程車會漆成黃色，是爲了吸引視線，而看到法令尚未強制規範前，多數計程車就已漆成黃色，更可證明這一推論的正確。

綺色佳的計程車司機偏好廂型車，主要是當地搭車者多爲學生與當地的無車階級，這些人往往所得偏低，所以常以多人共乘方式分攤車資。就像綺色佳機場的計程車通常搭載六人以上，而紐約拉瓜迪亞機場的計程車則往往只有一名乘客。

## 9　爲何硬幣的人頭像多爲側面，而紙鈔則是正面肖像？

如果檢視一下口袋裡的零錢，你會注意到硬幣上歷屆美國總統，包括一分（林肯）、五分（傑佛遜）、一角（羅斯福）、兩毛五（華盛頓）、五角（甘迺迪），全都是側面像。可是再看看錢包裡鈔票的人頭，包括華盛頓（一元）、林肯（五元）、漢彌頓（十元）、傑克森（二十元）、葛蘭特（五十元）、富蘭克林（一百元），全都是正面肖像。其他國家也多有類似情形：人像在硬幣爲側面，紙鈔爲正面。爲什麼會有這種差異？

簡單來說，雖然藝術家常偏好正面肖像，但金屬雕刻技術的難度，使得硬幣上呈現可辨識的正面肖像並不容易。硬幣的頭像通常面積窄小，無法展現利於識別的正面臉部細節特徵。相較之下，側面肖像往往較易辨別。雖然透過精細的鑄造，硬幣放上正面肖像並非不可能，只是成本過高，而且隨著錢幣流通，很快就會磨損這些細緻的特色。

既然側面像製作與辨識都比較方便，紙鈔爲何不同樣採用？因爲正面人像複雜度較高，有助於嚇阻僞鈔製作。

本章最後兩個例子則顯示，產品設計的特色，有時必須回顧歷史軌跡，才能了解箇中原委。

## 10　爲什麼DVD的包裝盒比CD大很多，但其實兩種碟片大小完全相同？

CD外盒尺寸爲十四・八公分寬、十二・五公分高，而DVD外盒則爲十・四五公分寬、十九・一公分高。爲什麼兩種大小相同的碟片，包裝卻如此不同？

略微回顧之下，就可察覺這項差異的歷史源頭。在數位CD出現前，音樂大都是黑膠唱片形式，包裝成三十・二公分見方。換言之，原本陳列唱片的展示架，剛好放得下兩片CD，中間用一根細條隔開。CD外盒的寬度定爲略少於被取代的黑膠唱片的一半，讓店家可以不必爲更換展示架而多花錢。

DVD的包裝也有類似的考量。在DVD風行之前，影片出租店以VHS錄影帶爲主流，包裝形制爲十三・五公分寬、十九・一公分長，在出租店內一字排開。DVD外盒採用同樣的高度，出租店可以使用原有的展示架，讓顧客在錄影帶過渡到DVD的階段便於選片。對消費者來說，過去擺VHS錄影帶的架上，同樣可以放DVD，也使得轉換爲DVD更方便。

## 11　爲何女裝的釦子在左側，而男裝在右側？

談到服裝，和歷史大有關係。

服裝廠商爲特定群體製作制服時，得遵循特定的標準，這點並不足爲奇。但奇怪的是，爲何女裝鈕釦採用的標準與男裝恰好相反。如果說這種標準沒什麼道理可說也就算了，但偏偏男裝的標準看來比較合理。畢竟，全球約九成人口——不分男女——慣用右手，釦子在右側扣起來比較順手。因此，爲什麼女裝的鈕子偏偏要放在左側？

這個問題的歷史因素**眞的**很重要。十七世紀鈕釦剛發明時，只用在有錢人的衣服上。當時的男性習慣自行穿衣，而女性則由傭人侍候更衣，因此鈕子釘在左邊是方便慣用右手的傭人。至於男裝鈕子位於右側，除了因爲大多數男性是自己穿衣，也是因爲右手拔出掛於臂部左側的佩劍時，比較不容易讓衣服絆住。

今天，幾乎沒有什麼女性由別人伺候穿衣，那麼女裝的鈕子爲何還是在左邊？要知道，規範一旦建立就不易更動。當所有女裝的鈕子都在左邊，哪家廠商有膽量把鈕子釘在右邊？畢竟，女性已習慣鈕子在左邊的衣服，更動之後反而得學習去適應。除了這些實質面的困難，有些女人也會覺得，外出時穿鈕子在右邊的衣服很不自在，因爲別人看到時，或許以爲她穿的是男人的衣服呢。

# 2

# 免費的花生和昂貴的電池

## 眞實世界的供給與需求

有個故事說，兩位經濟學者在午餐途中，看到人行道上好像有張百元美鈔。年輕的經濟學者彎腰準備撿起時，年長的同事卻制止他說：「這不可能是一百美元的鈔票。」

「爲什麼？」年輕的同伴問道。

「如果眞的是，早就給人撿走了。」年長的同事接著回答。

當然，年長的經濟學者可能錯了。不過他的提醒卻隱含一個常受忽略的重要眞理，那就是「桌上無現金」，白吃的午餐不可能長時間在那裡等你。從古至今，乃至往後也不例外，想要眞正賺到錢，還是得靠才能、節儉、努力或運氣。

不過許多美國人似乎還是相信自己有機會迅速致富。因爲一九九〇年代，他們親眼看過這樣的例子，有些人只不過把資金抽離傳統型股票——如奇異電器（General Electric）或寶鹼（Procter & Gamble），轉到甲骨文（Oracle）、思科（Cisco System）等帶領那斯達克指數狂飆的高科技股，就輕鬆賺得暴利。到了更近期，他們又看到有人盡量借來大筆資金，投資原本根本買不起的房地產，因而一夕致富。

自認爲可以從桌上拿到現金的人信心滿滿，認爲常見的限制不能適用到自己身上。例如，一九九〇年代許多樂觀的股票分析師就堅稱，傳統的股票評價準則已不再正確，因爲網際網路改寫了遊戲規則。B2B電子商務讓某些公司的營運成本下降三成以上，因此新科技無疑大幅提升了生產力。

不過現在大家都很清楚，其實當時也不難弄清楚，電子商務最終的價值並非取決於能提升多少生產力，而在於能創造多少利潤。可是一如既往，一旦競爭者也採取同樣的技術，最終得利的是享受較低價格的消費者，生產者的總利潤並不會增加。以荷爾蒙讓乳牛增產二十%的酪農，短期內或可獲利豐厚，①可是等到荷爾蒙使用普及化，牛乳產量擴增勢將導致價格下滑，縮減獲利空間。

在那斯達克掛牌的大多數新科技公司，也出現同樣的利潤軌跡。B2B電子商務或許眞的可爲製造商節省數千億美元，但問題是新科技公司面臨的競爭壓力並不比酪農小，因此省下的成本最終還是以較低的價格回饋消費者，而無法讓廠商獲利增加。

桌上無現金原則提醒我們，應提防那些看來好得離譜的機會。例如二〇〇〇年三月那斯達克大崩盤，就不幸給這一原則言中。其實一般市場中有些沒那麼突出的問題，同樣可透過桌上無現金原則以及成本－效益原則來解釋。下面就以產品的售價爲例加以說明。

由於喜好與所得的差異，每個人願意爲某種商品付出的價格會有很大的差別。然而正如亞當・斯密（Adam Smith）在《國富論》（*The Wealth of Nations*）中所言，產品價格長期來說不應超過它的生產成本，若非如此，獲利機會將吸引對手加入市場，直到供給增加的程度導致價格下跌到成本邊緣。

可是幾乎一模一樣的產品，不同買家卻付出天差地別的價格，這種情況所在多有，看似抵觸桌上無現金的原則。爲何就算有來自對手的競爭，仍無法讓所有價格趨於一致的水準？第四章會有許多例子直接針對這個問題加以討論，但目前我們姑且承認，競爭的確促使許多市場的價格趨向一致。

例如，黃金在紐約和倫敦的售價相同，而且不論你是大老闆或小學老師，購買黃金的價格也不會有什麼不同。若非如此，就表示桌上有現金。好比說，紐約每盎斯金價爲八百美元，而倫敦爲九百美元，你大可在紐約買進，倫敦賣出，現賺一百美元。根據單一價格原則——其實也就是桌上無現金原則的另一種說法——這兩個城市間的金價差異，大致上不會超過把黃金由一地運至另一地的成本。

單一價格原則最適用於完全競爭市場的商品與服務。簡言之，這些市場有無數賣方出售高度標準化的產品。黃金市場就是典型的例子，因爲黃金是高度標準化商品，而且只要存在獲利機會，新供應商很容易加入市場。

套利的機會——以某一價格購入，再毫無風險地以更高價出售——確保單一價格法則。一磅調味鹽的價格不會因人而異，雖然有錢人因爲財力較雄厚，或許願意付比窮人高的價錢。可是根據單一價格法則，如果任何供應商想利用有錢人願付高價的機會獲利，馬上就會有對手聞風而至。就算供應商聯合起來以較高價格賣給有錢人，想從中套利的窮人也會瓦解這項如意算盤。因爲窮人以低價買入之後，大可以略低於供應商的價格轉賣。等到愈來愈多窮人加入套利行列，價差會愈來愈小，終至趨近於零。

經濟學的供需模型，基本上就是描述如何在各方力量交互作用下，決定該生產什麼商品，數量與價格又如何。②對特定產品的需求，其實就是綜合顯示有多少人願意付錢購買該項產品。換言之，就是把這些人認爲消費這一商品所能獲得的利益加總起來。只要他們消費最後一件商品所獲得的價值不低於商品的價格，他們就會繼續購買下去。通常的需求模式是，隨著商品價格持續上升，需求量會持續下跌。

特定商品的供給，就是綜合顯示生產者願意提供產品出售的條件。基本的供給法則是，只要售價不低於邊際成本——生產最後一單位的成本——生產者就會持續供應產品。短期內邊際成本往往會隨著生產數量增加而提高（這部分是由於「低枝果子先被摘」原則的作用，也就是愈好的機會愈早給用掉）。因此供給面通常的模式是，隨著商品價格提高，賣方願意賣出更多數量。

任何既定產品在現行價格下，如果消費者希望購買的數量等於生產者願意出售的數量，就代表市場處於均衡狀態，而均衡價格也稱爲**市場清算價格**（market-clearing price）。

日常生活中無處不存相互矛盾的市場資訊，供需模型可以發揮相當作用，協助我們理出一個頭緒。

由於市場價格取決於供給與需求達成平衡，因此嚴格說來，單由供給面或需求面來解釋價格或數量的變動永遠不夠正確。只是市場上有不少重要模式，還是可以聚焦供給面或需求面獲得答案。以下首先出現的一些例子，大部分都是起因於需求面（買方）。

## 12 爲什麼許多酒吧水要收錢，花生卻免費供應？

有些酒吧五百西西的瓶裝水索價高達四美元，可是卻任你隨手從滿滿的容器抓起一把免費的堅果。堅果的價錢可比水高得多，反其道而行不是比較合理嗎？

要了解這項慣例，就得知道酒吧對於水與堅果的供應模式，完全著眼於兩者對酒吧核心商品——也就是酒類——的需求會產生什麼作用。堅果與酒類可相互搭配，堅果吃得愈多，就想多喝啤酒或其他飲品。由於堅果比起高利潤的酒類飲品相對較便宜，因此免費供應通常可增加酒吧的獲利。

反之，水和酒類有代替性。客人水喝得愈多，酒就點得愈少。因此就算水的成本相對偏低，酒吧還是希望設定一個高價，以降低客人的消費意願。

## 13 爲什麼許多電腦廠商提供免費軟體，有時市價甚至超過電腦本身？

今天你買了新電腦之後，會發現硬碟內不但已灌有最新的作業系統，還有最新版本的文字處理、試算表、簡報、電子郵件、音樂與相片等軟體，更別說還有最新的防毒軟體。爲什麼廠商要免費供應這些價值不菲的軟體？

軟體使用者通常很在意產品的相容性。舉例來說，如果幾位科學家或歷史學者共同參與一項計畫，若是大家使用相同的文字處理軟體，共事起來會容易得多。同樣地，如果某位老闆的財務軟體和他的會計師一樣，報稅時會輕鬆不少。

另一個相關的考量是，許多程式，如微軟的 Word，希望取得市場主導力量。一旦使用者熟悉某一種程式後，通常不肯再學另一種，就算再好也沒用。

隨著某一軟體使用者增加，擁有與使用這種軟體的好處也隨之上升。這種非比尋常的關聯性，使得最常用的軟體製造商擁有龐大優勢，也讓新程式難以打入市場。

看準這一形勢，直覺公司（Intuit Corporation）提供電腦廠商免費的 Quicken 個人財務管理軟體。電腦廠商當然樂於放入新電腦之中，以提高對買家的吸引力。Quicken 很快就成爲個人財務管理的標準軟體，而且免費軟體的策略還發揮「放長線釣大魚」的作用，替互補性商品，如進階版 Quicken 與相關軟體更先進的版本，創造龐大需求。像是直覺公司的個人所得稅軟體 Turbo Tax 與 Macintax，已成爲報稅的標準軟體。

受到這個成功案例的激發，其他軟體開發業者也紛紛仿效，據稱有些業者甚至付錢給電腦廠商，請他們放入自己的軟體。

## 14 爲何一支售價三十九・九九美元的手機，備用電池卻要賣五十九・九九美元？

在有些地區，如果你和某家行動電話公司簽下兩年使用合約，就可用三十九・九九美元的價格購買摩托羅拉（Motorola）V120e 的手機。可是如果你想爲這支手機買一顆備用電池（或許因爲有時可能較長時間無法充電），卻得付出五十九・九九美元。這顆電池明明和你廉價手機內的電池一模一樣，爲什麼你卻得付這麼高的價格？

手機的可充電鋰電池生產成本相當高，所以比較有意思的問題是，爲什麼原本的手機／電池組合售價如此便宜？答案似乎在於無線通訊業者獨特的成本結構上。這些業者泰半的成本均屬與架構網絡相關的固定成本——設立基地台、取得相關執照等等。這些成本，還有廣告支出，並不因提供的服務多寡而變動。無線服務提供者能吸引更多客戶，有助於分攤這類成本，也就愈有機會在競爭中存續下來。

如果一份服務契約每月收費為五十美元，那麼每爭取一名客戶，公司一年就多進帳六百美元，可是卻沒增加多少額外成本。因此對無線服務提供者來說，自然有強烈誘因想爭取更多客戶。

手機與無線通話服務有強烈的互補性。經驗顯示，提供高折扣手機，乃是吸引新客戶的有效招式。由於大量採購，所以無線業者可以向諾基亞（Nokia）、摩托羅拉等手機業者爭取到很大的折扣。許多公司提供新客戶的手機，價格都比自己個別購買便宜得多，有時甚至還提供「免費」手機。不過如果贈送手機能吸引客戶上門，考量公司每年在每位新增的客戶身上，可以收到六百美元的月租費，就算要付給摩托羅拉一百美元的手機費用，還是很划得來。

相較之下，備用電池打折對吸引新客戶上門就不是有效的手法（這也不奇怪，因為大多數人通常不會有這種需求）。對無線通訊業者而言，提供比手機電池還便宜的手機，乃是一項有利可圖的策略。

## 15 爲什麼印度高樓層的公寓，價格最貴的是較高樓層，但低樓層公寓中最貴的卻是較低樓層？

孟買高樓層公寓的租金，每高一樓就貴上一至三%，因此同一幢建物，二十樓的租金可能比五樓貴上十五至四十五%。至於四樓或更低的公寓，則情況恰好相反，一、二樓的租金遠高於三、四樓。這是什麼緣故？

高樓層視野較佳，而且街道噪音較小，而這種好處在愈高的建築物愈明顯。不過無論建築物高低，高樓層的好處應該多少會反映在較高的租金上。

不過印度的情況有其特殊性，雖然法規要求公寓應裝設電梯，但四樓或更低的公寓不受此限制。住在這種沒有電梯公寓的較高樓層住戶，採購之後得吃力地大包小包拎上樓。更何況樓層不夠高，景觀或隔絕噪音方面的好處也小得多，因此如果各樓層租金相同，大多數人寧願選擇一、二樓。在需求較高下，自然帶動租金升高。

## 16 爲什麼許多人在退休後而且子女已離家的情況下，卻購買較大的住宅？

許多退休人士會繼續住在扶養子女成長的屋子裡，直到無力自理生活時，再搬到安養機構。如果退休後搬家，以往通常是選擇佛羅里達、亞利桑那等氣候溫暖地區較小的房子。當然，現在這樣的情形還是不少，可是近期有種新趨勢出現，那就是退休者會賣掉原有住處，在附近買下大得多的房子。

③這是爲什麼？

一個可能性是現在的退休者比較富有，有能力搬到更大的房子住。可是子女都已離家，爲什麼需要更大的房子，而且就選在原來房子的附近？畢竟，他們有財力到氣候更好的地方

退休者住大房子：吸引孫子女？

去蓋或購買大房子。爲什麼在賓州蓋幢六千平方呎的房子？

可能的原因是，住在離成年子女附近的大房子裡，或許可以吸引孫子女更頻繁造訪。由於目前離婚與再婚情況遠比十年前普遍，導致許多孩童有六位甚至更多的「祖父母」。因此對孫子女造訪的需求增加，但供給卻不變。做祖父母的或許寄望在方便的地點蓋幢寬敞的房子，以吸引孫子女前來拜訪。

## 17 爲何埃及沙姆沙伊赫的旅館在住房率高的旺季，房價反而最低？

一般來說，旅館房價會依住房率而變動，而住房率又與需求直接相關。沙姆沙伊赫（Sharm El Sheikh）是埃及的渡假城市，夏季住房率遠高於冬季，但爲何那裡夏季的房價卻便宜許多？

旅館價格並非僅取決於住房率，也要看潛在顧客的意願與能力。雖然冬季造訪沙姆沙伊赫的旅客較少，但以歐洲人或其他高所得西方人爲主，看上的是此地氣候與嚴寒的北方截然不同。

相反地，埃及本國與中東地區遊客沒有冬天酷寒的問題，所以會選擇夏天造訪，配合暑假以及上班族經常休假的時段。這些人財力通常比不上冬天的外來客，因此旅館不能收取冬季的高價。

上面幾個例子主要與市場需求面的差異有關，焦點在於爲何買方願對某一產品支付較高價格。下面幾個例子的關鍵則在供給面，看似不尋常的價格或產品，其實都可追溯到成本的差異上。

## 18　爲什麼沖洗彩色照片比黑白照片便宜？

在戰後嬰兒潮世代成長的年代，沖洗彩色照片的價錢往往是黑白照片的兩、三倍。可是今天的情況恰好相反，以綺色佳某家照相館爲例，沖印一卷三十六張黑白底片要十四塊九毛九美金，而彩色底片只要六塊九毛九美金。這是什麼原因？

一九五〇年代，彩色相片的消費市場尚處於萌芽期，沖洗流程遠比黑白相片來得複雜與昂貴。在成本差異下，大多數人選擇拍黑白照片，因此店家也以專門沖洗黑白照片爲主。隨著沖洗數量增加，由專精所帶來的效率提升更爲顯著，從而進一步降低黑白照片的沖洗成本。

只要黑白照片持續居於市場主流，彩色照片的沖洗流程也難望簡化。但隨著所得提升，更多消費者選擇拍攝彩色照片，激勵廠商開發可自動沖印彩色照片的新型光學機器。由於這類機器成本可能高達十五萬美元，所以每天沖印量要夠大才符合經濟效益。不過它也有一項重要優勢，就是不需什麼人工成本即可沖洗大量相片。由於人工向來是相片沖印成本中最重要的項目，因此店家如果採用新機器，沖印彩色相片的成本就遠低於黑白相片。

為什麼這類自動化機器不能沖印黑白相片？其實也可以，只不過相紙太貴，而且沖印出來的相片品質不及人工沖洗。正因如此，這些年來黑白攝影愈來愈成為專業人士與業餘高手的小眾市場。

目前數位沖洗機器有取代光學機器的趨勢，由於這類機器可用同樣的相紙列印彩色與黑白照片，因此兩者成本可望迅速趨於一致。果真如此，黑白相片價格較高的現象應該會消失。

## 19 爲什麼二萬美元的新車，每天租金是四十美元，而成本只有五百美元的燕尾服，租金卻要九十美元左右？

全國連鎖的租車店大量採購新車，因此可向車廠爭取到很高的折扣。出租車輛通常只使用兩年，然後就以當初採購價的七十五%左右出售。因此對租車業者來說，每輛車的機會成本遠低於一般個人車主。

相較之下，燕尾服出租公司多爲在地業者。中等規模通常大概有一千件庫存服裝可供租用，但每年替換的採購數量並不夠大，也就拿不到太高的折扣。舊衣服也缺乏再銷售市場，所以通常只能捐掉，或是廉價賣給學校的戲劇系或樂隊。因此租車公司所收取的費用，至少應在兩年內可回收四分之一的車價，而燕尾服出租業者的收費水準，卻必須足夠償付一件服裝百分之百的成本。

更重要的是，租車公司的存貨利用情況遠勝於燕尾服出租業者。租用燕尾服大多數發生在週六，因此擁有一千件燕尾服的店家，或許每個星期六都能租出一百件，但其他時候每天租掉五件就算運氣好。對照之下，租車公司每天都有相當高比例的車子租出去。

另一個原因是租車公司經常在一些附加項目上索價高昂，所以實際收費比宣稱的費率高出一截。例如收取的保險附加費就遠高於保險的實際成本，另外像是顧客如果忘記把油箱加滿，公司收取的油錢也比加油站貴得多。

最後，燕尾服出租店往往得配合顧客修改衣服，花費的工錢可能和租金差不多。每件服裝再度出租前還得乾洗，使得每次出租成本可能又增加十美元。對比之下，租車公司只須把還回的車子清洗一番，就可等待下一位顧客上門。

因此雖然一輛車的正規售價大概是燕尾服的四十倍，但每天的租金還不到燕尾服的一半，也就不那麼令人意外了。

## 20　爲什麼許多洗衣店洗燙一件棉質女襯衫收費會高於男襯衫？

紐約州綺色佳的一家洗衣店洗燙一件棉質女襯衫收費五美元，但男襯衫只收費二美元。這算不算歧視女性呢？

有些證據顯示，女性購買昂貴而可議價的商品如汽車時，付出的價錢往往高於男性。不過洗衣顯然並不屬於這種類型的商品。洗衣店通常會明白張貼男、女裝不同的價格，而顧客也幾乎從不討價還價。

一般來說，競爭愈激烈的行業就愈不可能對顧客有差別待遇。連綺色佳這樣的小城，都可以找到十幾家洗衣店，競爭激烈自不在話下。如果業者對女襯衫的收費超出成本太多，就代表桌上有現金可拿。對手只要貼出告示，聲稱：「女襯衫不額外收費」，就可立刻攻占大部分的女性市場。

價格差距之所以維持不墜，就代表洗燙兩種襯衫的成本確實不同。和大多數服務業一樣，洗衣業成本也以人工為主。不過我們很難想像，洗一件女襯衫和男襯衫有什麼不同，畢竟兩者都是放到洗衣機裡即可。所以如果成本有別，就一定出在燙衣上。洗衣店會盡量以標準燙衣設備快速處理，可是襯衫太小或有細緻的鈕子或裝飾就不適用這種方式。而且標準燙衣機要夾住襯衫下襬，容易留下明顯的凹凸痕跡。無法適用標準燙衣程序的衣服，一定得靠人工處理，花的時間也長得多。

一般來說，男襯衫比較適合用燙衣機，而女襯衫質地比較脆弱，也比較容易被機器損壞。同時女性通常不把襯衫塞進褲子或裙子下，所以難以接受燙衣機在衣服下方留下的痕跡。至於男士大都把襯衫塞進褲子裡，所以這個問題不大。

簡言之，洗衣店為什麼對女襯衫收費較高，最合理的解釋就是熨燙的平均成本較高。

## 21 爲什麼近年來印度語電影的觀眾激增？

幾年前，旅居美國的印度人必須回到印度，才能看到家鄉母語的電影。可是現在即使住在美國小城，也有好幾百部印度語影片可供選擇。這種轉變從何而來？

誠如克里斯・安德森（Chris Anderson）在《長尾理論》（*The Long Tail*）一書中所言，傳統上美國只有大城市居民才有機會看到外國電影。④對戲院老闆來說，除非一部電影每場都有幾十名觀眾，否則不大可能有錢賺。就算一些印度移民眾多的大城市，要符合這樣的條件也不容易。

但隨著Netflix這類線上DVD播放服務的出現，冷門電影的市場爲之煥然一新。要由這類電影獲取利潤，並不需要在同一時間、同一地點吸引特定數目的觀眾。舉例來說，如果你想欣賞一部一九七九年出品的印度喜劇片*Gol Mol*，只須向Netflix訂閱即可。雖然美國沒有任何城市的印度裔人口多到可以讓當地戲院願意上演這部片子，可是對Netflix而言，這類觀眾群已經足夠，因此願意花些許成本把這些冷門電影納入庫存。

成千上萬的電影與書籍因爲不夠熱門，沒機會排入戲院檔期或擠進書店空間，可是線上傳播的出現，使得這些作品不致就此湮滅。

## 22 爲什麼華府郊區一九九〇年代初期冒出一堆高爾夫練習場？

充斥美國首府華盛頓的各種利益團體與說客，競相在附近購置不動產，造成房價水漲船高。爲償付高昂的購地成本，房地產開發商的開價節節升高，而辦公大樓與住宅也愈蓋愈高。不過一九九〇年代初，開發商卻開始興建許多高爾夫練習場。一家練習場平均每晚大概有幾十名客人，他們付上幾塊錢美金，就可以享受夜空下揮桿的樂趣。不過這項收入金額有限，連支付購地貸款的利息都不夠。爲什麼開發商要這樣利用土地？

一九八〇年代晚期，華府的建商快速興建辦公大樓與公寓大廈。由於住宅價格與辦公室租金飆漲，開發商看好後市，爭相購置未開發的建地。沒想到美國經濟從一九九一年開始衰退，華府房地產市場明顯供過於求。在空屋率激增而租金劇跌之下，新建的辦公大樓或公寓住宅可能得空上好幾年才有買主。

如果不蓋房子，開發商可以把手上的空地削價求售，否則只有靜待市場出現轉機。採用後一種策略的業者，自然希望土地在這段空檔期間不要閒置無用。基於此種考量，高爾夫練習場可說再適合不過，因爲只須準備一堆舊高爾夫球、一輛送球的拖車、一台收球的推車即可。相關投資有限，而且房地產景氣復甦後也容易變賣。

資源的最佳利用未必可以獲利。

以高爾夫練習場的微薄收入，自然不足以彌補持有如此昂貴土地的機會成本。當然，要是開發商能預料到房地產會如此急轉直下，當初就根本不會買下這些建地。可是既然已經買了，也決定等待景氣好轉，他們的目標就是在空檔期間將土地最有效地運用。在這種情況下，不必奢求高爾夫練習場的收益能抵償土地的機會成本，只要足以支付經營練習場相關的邊際成本而有餘，就會比閒置不用更有利。

本章最後幾個例子涉及的問題，與供給面和需求面均有關。

## 23 爲什麼土雞蛋比白雞蛋貴？

在綺色佳最大的超市，AA級大型蛋一打賣三塊九分美金，但如果蛋殼是褐色的土雞蛋，價格是三塊七毛九美金。根據華府蛋類營養中心的說法，蛋殼的顏色既無關乎味道，也不影響營養成分。⑤那麼兩種蛋價差異的原因何在？

或許你會很自然地推論，這是因爲土雞蛋的外觀比較討消費者歡心，讓他們願意多花點錢。不過這種說法似乎不盡完善，因爲似乎意味著供應白色蛋的業者眼看著桌上有錢不拿。如果賣土雞蛋更賺錢，爲什麼他們還賣白的？

比較合理的解釋是，褐色的土雞蛋的生產成本較高。蛋殼顏色取決於母雞的品種，像是白來亨雞下的蛋是白色，而羅德島紅雞下的蛋是褐色。紅雞往往體型較大，⑥飼料需求量較多，因此土雞蛋的成本自然較高。不過談到土雞蛋價格爲何較高，還是不能忽視需求面因素。因爲若不是部分消費者偏好土雞蛋的外觀，也願意支付較高價格，就不會有商店願意出售。

## 24 為什麼賀軒（Hallmark）願意免費贈送「萬用卡」？

賀軒公司最近展開一項促銷活動，免費提供「萬用卡」。這些卡片上只有印上簡單字句，像是「對不起」、「想你」、「祝好運」等，相當顯眼地獨自陳列在專用展示架上，上面有大型標語寫著：「免費卡片！每人限取兩張。」這些卡片印製精美，紙張也很高檔，並不是滯銷存貨，也沒有污漬或毀損，而且消費者不須搭配購買其他賀軒產品。爲什麼賀軒要免費贈送這些卡片？

賀卡是高利潤商品，雖然每張卡片的邊際生產成本可能只有美金幾分錢，可是售價往往是好幾塊美金，但高利潤率必須支應維持零售店面的固定開銷。除了生日卡的銷售平均分散於全年之外，其他最暢銷的卡片類型，如耶誕卡與畢業卡，都有明顯的季節性。因此賀軒的店面有時相當擁擠，但大多數時候都空蕩蕩。如果能設法在淡季多銷掉一些卡片，對獲利會大有助益。

在免費卡片出現前，萬用卡並沒有穩固的市場存在。顧客上門主要是來挑生日卡或其他特定場合的卡片，因此萬用卡如果只是單純展示在店裡，大概很難引起顧客的注意。不過以顯眼的方式免費贈送這類卡片，就可以吸引許多客人拿回家。賀軒很清楚，即使只有少部分人覺得這種卡片好用，長期累積下來也會產生顯著成效。結果也眞的如此，現在賀軒萬用卡的售價與傳統卡片幾乎不相上下。對銷售高利潤季節性商品的業者來說，這項特別的促銷活動堪稱大贏家。

## 25　爲什麼照相館會免費送一組你沖洗的相片？

沖洗一捲底片時，許多相館會免費加送一組相片。其實一捲底片中值得加洗一張的未必有很多，因此相館何不乾脆將沖洗第一捲相片的價格減半？

前面提過，現在大多數底片都是自動沖洗，相館人員只須把底片放入機器即可。如要多沖洗一組，只須按一個鍵就是，完全不費任何人工成本，而且多用的相紙與化學劑成本也相當有限。因此多沖洗一套照片，花不了多少成本。

由顧客這方面來看，就算一捲照片精彩的不多，但總會有幾張值得送人。如果只選特定的照片加洗，就得費一番工夫由底片中挑選，然後再跑趟相館。在相館這方面，這種零星的加洗反而讓設備操控人員更費事，必須收取較高的費用。

因此免費多提供整捲相片，相館等於贈送給顧客頗具價值的服務，卻只增加些微成本。如果不採行這種策略，遲早會讓這樣做的對手搶走不少顧客。

## 26 爲何最暢銷的書籍與CD，折扣反而高於銷路差的，但電影票的情形卻剛好相反？

鮑伯・狄倫的CD《摩登時代》（*Modern Times*）標價十八・九九美元，但二〇〇六年八月發片時，亞馬遜網路（amazon.com）書店的售價爲八・七二美元，折扣超過五成。相較之下，知名度差一截的樂手所灌錄的CD，折扣反而比較小。例如，Paris Combo 的《母題》（*Motifs*）標價十七・九八美元，亞馬遜售價十四・九九美元，折價不到十七％。書市也有類似情形，博德書店（Borders）暢銷書打七五折，但其他書籍大都按出版社定價出售。

電影票的情況恰好相反。雖然一家戲院同時放映的各片通常票價一致，不過戲院老闆對賣座的影片比較不願意提供折價券。爲什麼戲院會利用顧客願意爲熱門商品多付錢的心理，而出版與CD業者卻不會？

每本書、每部電影、每張ＣＤ都是獨一無二的，因爲競爭對手無法提供能完全替代的產品，因此市場並非完全競爭。在這樣的市場裡，最受買方青睞的產品與服務價格通常較高，而根據前面的說明，電影就符合這種模式。

至於書籍與ＣＤ市場爲何不符此種模式？一個可能的解釋就是這些商品的成本狀況與戲院大不相同。對戲院老闆來說，對定價有決定性影響的稀有資源是戲院的座位，而不是影片。一旦戲院滿座，不論票價如何，也沒法多塞進一個觀眾。因此以正規票價都能賣到滿座的熱門影片，戲院老闆自然吝於提供任何優惠。不過對出售書籍或ＣＤ的店家而言，卻不致因爲對暢銷商品提供折扣，而擠掉一些顧客。業者通常都能預測哪些商品會熱賣，而準備充裕的庫存。由於這類品項流通快速，每單位的貨架空間成本相當有限；相對而言，較不暢銷的書籍或ＣＤ可能幾個月才賣掉一本或一張，因此貨架空間的收益較低，存貨成本也就偏高。

幾乎所有店家都備有最暢銷書籍與ＣＤ的存貨（因爲預期市場會相當活絡），至於比較冷門的書籍與ＣＤ，各家的存貨就未必相同。正因如此，各零售通路在暢銷商品上反而面臨較大的競爭壓力。如果消費者覺得某家唱片行狄倫的ＣＤ賣得太貴，大可以去別

$8.72

$14.99

**唱片歌手不適用供需法則嗎？**

家看看。可是Paris Combo的最新CD就不一樣了，你對這家價格不滿意，到別家卻未必找得到。

經營成功的書店與唱片行會引導顧客注意一些優質但不起眼的新作。商品愈冷門，就愈仰賴經驗豐富的店員向顧客推介。暢銷商品之所以能有很高的折扣，部分原因也在於銷售成本低廉。所以下回聆聽Paris Combo精彩的新CD時，別忘了你爲這張CD付出的價錢，之所以高過在大賣場買的那些暢銷CD，是因爲唱片行必須負擔額外的人事成本，雇用稱職的銷售人員，曉得你可能會喜歡這張CD。

暢銷書與CD打折還有一個原因，就是藉以吸引更多顧客上門，希望他們附帶購買其他商品。

## 27　爲什麼名列前茅的大學收的學費不比排名落後的學校高？

名列《美國新聞與世界報導》（*U. S. News and World Report*）全美前一百名的私立大學，學費水準相差相當有限。想擠進前幾名大學的競爭非常激烈，例如最近有一年，某名校核准入學率不到十%，但名次較後的學校則可達到五十%以上。頂尖名校每位學生的平均成本也比較高。面對高成本與高需求，這些名校爲什麼不收費高一點？

雖然任何時間名列前十名的學校只能有十所，可是至少不下五十家學校的主管堅信，要不是排名的公式有些缺失，自己應列在十名之內。這些抱著遺珠之憾的主管在教職員、學生與校友的支持下，會不遺餘力根據評鑑指標來改善本身的排名。畢竟一旦躋身菁英大學之林，所有相關人員都獲益匪淺。

想要躋身頂尖大學之林，先得吸引一流的學生。在許多排名公式中，新鮮人ＳＡＴ平均分數是一項重要指標，因此導致各名校競相爭取最優秀的學生。問題是某名校准予入學的新鮮人，也是其他名校亟欲爭取的對象。

就算一年收十萬美元的學費，哈佛也很容易招到相當優秀的新生。可是在如此高昂的收費下，能招到的頂尖學生一定不像現在那麼多。許多家長會問：「如果普林斯頓只要四萬美元，爲什麼付十萬美元讓小孩上哈佛？」

其實學費只夠償付每位學生總教育成本的一部分而已——通常不到三分之一。其他收入主要來自校友或其他人設立的基金或年度捐贈。名列前茅的大學這方面的收入遠高於排名落後的學校，所以負擔得起較高的成本。

最後達成的均衡狀況是，頂尖學校學生所繳的學費與第一百名學校沒什麼差別。頂尖學校對頂尖學生的需求，不亞於頂尖學生對它們的需求，自然無法收取較高的學費。

⑦

# 3 爲何能力相同薪資卻不同

## 競爭性人力市場經濟學

大多數人親身參與過的市場中，最重要的非人力市場莫屬。雖然人依法不得在市場上販賣，但出售人力卻完全合法。人力市場也適用商品市場的供需法則：例如木匠的供給增加，他們的工資往往就會下跌，電腦程式設計師需求增加，他們的薪水就可望上漲。

下面的例子談的就是競爭性人力市場的基本原則——勞工薪資往往與他們對雇主獲利的貢獻程度成正比。

### 28 爲何女模特兒的待遇比男模特兒高得多？

著名時裝模特兒海蒂・克隆（Heidi Klum）二〇〇五年進帳七百五十萬美元，還有幾位頂尖女模特兒賺得更多，尤以吉賽兒・邦辰（Gisele Bündchen）的一千五百萬美元居冠。該年《富比士》（*Forbes*）前一百名薪資最高名人，有五位女性超級名模名列其中，而男性模特兒則無人入榜。①為什麼女模特兒的待遇要高得多？

為了回答這個問題，我們不妨先思考一下，時裝模特兒對雇用他們的服飾業者有什麼貢獻？簡單說，他們的工作就是盡可能讓潛在買主覺得廠商的服飾很好看。當然，衣服穿在有吸引力人的身上通常有加分效果，因此廠商會尋找俊男美女作為拍照的模特兒。不論男女，長得愈好看通常報酬就愈高。由於社會對男女兩性有不同的審美標準，所以「女模特兒比男模特兒漂亮，因此待遇較高」，其實是說不通的。

女模特兒之所以獲得較高的待遇，乃是因為女性時裝市場的規模遠超過男性。以美國而言，女性每年置裝費用為男性的兩倍以上，而有些國家的差距還更大。女裝業者看中這種豐厚收入，競相邀約最能展現當季時裝美感的模特兒，其實完全符合經濟學法則。擁有廣大讀者的時尚雜誌 *Vogue* 與 *ELLE*，對女性選購服飾與化妝品深具影響力。這些刊物每期出現的女性模特兒成百上千，在群芳競艷中最能吸引讀者目光的佼佼者，身價當然不凡。因此我們也很容易了解，為什麼模特兒的表現只要略微突出，廠商就願意額

一九九〇年代待遇最高的超級名模辛蒂・克勞馥。即使到了今日，也還沒有男模特兒能賺到這種水準的收入。

外付出那麼多報酬。

至於有吸引力的男性模特兒，相較之下的價值就低得多。絕大多數男性大概連一本男性時尚雜誌的名稱也說不出，會看的人就更少。廠商聘請外表好看一點的男模特兒，或許能多賣出一些衣服，但和女模特兒能發揮的作用不可同日而語。

女性模特兒也爲化妝品代言，同樣地，聘請有吸引力的模特兒可以讓廠商獲利可觀。可是多數男性不用化妝品，因此男模特兒在這一區塊的人力市場也就少有用武之地。

## 29 爲什麼原本薪水最高的人，加薪的速度會比別人快得多？

在二戰之後的三十年，各所得階層的所得年增率大致相當，都稍低於三％的水準。但自此之後，所得的增加幾乎全都集中在最高階層。如果以一九七五年的購買力爲準，中等水準的薪資者大致維持不變，但最高薪的一％族群，收入卻已經是當時的三倍之多。再往上走，增加的幅度還更大。以美國最大型公司的執行長來說，他們目前的薪資是一般工作者的五百倍以上，而一九八〇年時，這個數字只有四十二倍。這種改變的原因何在？

雖然相關因素甚多，但其中最爲重要的就是科技變動加速，使得能力最強者能發揮的影響力倍增。②雖然各行各業情況不同，不過租稅顧問業可以作爲代表性的案例。一九七〇年代，這個產業幾乎全是在地會計人員的天下。能力好的會計師當然賺得比較多，但和一般會計師的差距往往不算明顯。隨後租稅顧問業開始出現全國加盟連鎖的浪潮，如 H&R Block。這些組織的創立者發現，其實只要有少數專家指導，非專業人員即可勝任泰半的租稅申報工作。在遍及全國的廣告攻勢下，這些業者成功地由地方會計師手中奪走客戶，爲連鎖業者創造可觀利潤。

到了晚近，許多人開始利用電腦軟體報稅。一開始市場上出現多家業者競逐，但經過專家評鑑，指出直覺公司的 Turbo Tax 與少數幾種軟體最爲完整而且便於使用，市場上其他軟體迅速銷聲匿跡。這種報稅軟體程式一旦完成，接下來每套的邊際生產成本幾乎是零，功能較差的軟體毫無招架之力。因此把現在的租稅顧問業與一九七〇年代對照比較，可以發現地方會計師是輸家，而大贏家則是提供領導軟體程式如 Turbo Tax 的業者。

執行長的待遇扶搖直上，原因也與此類似。資訊科技日新月異，加上運輸成本與關稅障礙降低，使得市場規模擴增。過去一家輪胎公司如果想生存，只須在俄亥俄一州之內稱雄即可，但現在卻必須躋身為全球效率最頂尖的少數業者才行。由於目前的市場規模與競爭情況與過去不可同日而語，決策品質的些微差異就足以嚴重影響公司獲利。

當然，執行長的待遇高漲，並非只有影響力加大與競爭激烈兩項因素。由安隆（Enron）與世界通訊（WorldCom）兩樁弊案可以看出，有些公司主管藉帳目舞弊的手法，為自己獲取巨額利益。不過根據研究結果，最高主管薪資的增加，主要還是由於他們的決策與公司獲利更為息息相關。③

在產品市場，商品價格取決於本身的各項特質，例如高解析度電視的價格就超過傳統電視。勞動市場也是如此，各種職位的薪資與其工作特性有關。經濟學者所稱「補償性工資差異」的觀念，最早係由亞當・斯密於《國富論》中提出：

> 在同一區域內，不同工作機會優缺點的總合必須相等，或不斷趨於相等。如果同一區域內有任何工作明顯優於或劣於其他工作，就一定會引起許多人爭相加入或

放棄，使其利益回歸到其他工作的水準……每個人爲了本身利益，會尋求有利的工作機會，規避不利的工作機會。

斯密的理論可以解釋，爲什麼在其他條件相同下，比較危險、辛苦或工作環境不良的職務待遇較高。下面一些例子就是補償性工資差異理論較少爲人注意到的影響。

## 30 爲何鋪設車道的工人在達拉斯郊區的索價只及明尼亞波利斯郊區的一半？

有位女士搬到德州達拉斯郊區後，準備重新鋪設家裡的車道，結果讓她吃驚的是，材料費估價和原先在明尼亞波利斯差不多，但人工的價錢卻只有一半。爲什麼達拉斯人力這麼便宜？

根據單一價格原則，如果所需技術與工作環境相同，工資水準應該相同。重新鋪設車道要求的技術在兩地並沒有什麼差別，而且勞力的付出也不相上下，只不過其他工作條件卻不相同。達拉斯氣候較爲溫和，承包工人整年均可施工，但明尼亞波利斯的嚴冬卻使得工人好幾個月無法施工（有種說法是，當地只有兩個季節：冬季與七月）。冬季如果只停工幾星期，或許影響不致太大，但長達好幾個月無法工作，那麼承包商收取和達拉斯相同的工錢，勢必難以生存。

根據亞當・斯密的補償性工資差異理論，工資會持續調整，直到技能要求類似的工作在整體雇用條件上趨於一致。如果工作條件較為優越，工資就會往相反的方向變動。斯密所列舉的優越條件，有一項就是「雇用的穩定性」，而這項特質可以解釋為何明尼亞波利斯承包工人的工資遠高於達拉斯，因為他們需要彌補冬季好幾個月沒生意的損失。

另一方面，明尼亞波利斯可施工的期間較短，使得需求集中在五、六個月之內，也會進一步強化兩地工資的差異。

## 31　為什麼餐廳服務生的待遇比助理廚師高？

高檔餐廳的侍者有時候一晚小費就進帳幾百美元，而助理廚師的收入相較之下遜色許多。這兩種職位都攸關餐廳的成功與否，不過多數人應該都會同意，成為優秀的助理廚師所需的經驗、才能與訓練，遠非優秀的侍者所能及。但為什麼侍者反而待遇較高？

任何一項職務的待遇高低，除了所需的相關技能外，還取決於許多其他因素。許多需要高超技藝的工作待遇偏低，是因爲這些職位只不過是晉身更理想工作的踏腳石，助理廚師就是如此，而服務生則否。具有烹飪才華的人甘願屈就低薪的助理廚師，爲的是有機會吸取必要的訓練與經驗，有朝一日升爲主廚，就可名利雙收。

相較之下，侍者的工作沒有什麼升遷展望。許多人終其一生只能固守這個職位，就算另謀發展，擔任侍者的經驗對日後的成就也沒什麼助益。

## 32 爲什麼大型香菸公司的執行長願意公開發誓，尼古丁不致令人上癮？

一九九四年四月十四日，七家美國大型香菸公司的執行長逐一在國會管制香菸產品的公聽會上公開發誓，宣稱自己相信尼古丁不具成癮性。其實根據眾所周知的科學證據，尼古丁具有高度成癮性，④因此這些執行長的證詞受到各界冷嘲熱諷。爲什麼他們願意忍受這種屈辱？

必須忍受公眾羞辱，當然屬於補償性工資差異理論中的不利工作條件。我們也的確看到，香菸公司執行長名列美國待遇最高主管之林，例如生產菲利普·莫里斯（Philip Morris）香菸的母公司艾爾屈亞（Altria），二〇〇五年付給執行長的報酬高達一千八百一

香菸公司執行長：領高薪擔任不好受的差事？

十三萬美元。⑤

## 33 爲什麼公司內生產力最低的工人通常領到的薪資超過他們貢獻的價值，而生產力最高的工人則剛好相反？

根據勞動市場的競爭理論，工人獲得的報酬乃是根據他們爲雇主所創造的價值而定。但在大多數組織內，從事類似工作的員工生產力參差不齊，似乎遠超過他們薪資上的差異。表現最優異的員工所獲得的報酬偏低，遠不及他們對公司的貢獻程度，而績效墊底的員工領的薪水卻相對偏高，看來是占了便宜。

既然表現卓越的員工待遇卻顯然偏低，爲什麼他們不另謀高就，賺取更合理的報酬？

乍看之下，這種薪資模式似乎讓桌上有現金。如果最優秀員工對公司的價值爲十萬美元，卻只領到七萬美元的報酬，那麼對手公司只要出八萬美元挖角，馬上就可獲得二萬美元的額外利益。不過這時如果還有其他競爭對手看到桌上有現金，會再出更高的待遇爭取，直到最後提供的待遇逼近十萬美元爲止。

上述薪資模式爲何可以維持下去？一個可能的解釋是，大多數人都喜歡居於較高的職位，但是一個工作團體中，不可能讓每個人都滿足這種期望，因爲必然有半數人的職位屬於下半層級。部分員工能享受到高階職位的滿足感，有賴其他人甘願接受較低的職位。假設每個人都能根據自由意志換工作，那麼要讓低階人員願意留下，就只能靠額外的補償。

但這種額外補償從何而來？顯然得由那些高階員工的薪水下手，徵收一種隱性稅負。如果稅負金額不高，高階員工還是樂於留在原地，不致爲其他公司較高待遇所動，而低階員工也認爲金錢的補償足以抵消成就感不足的遺憾。在這種情況下，公司的薪資結構就類似累進的所得稅。⑥

在許多行業中，工作者都會面臨抉擇，要從不同公司所提供的不同職位中做出取捨。如果不在乎職位高低，最有利的選擇就是待遇偏高的低職位，與一些生產力高的同僚共事。至於偏好高階職位的人，就應該選擇平均生產力較低的公司，擔任職銜高但待遇偏低的工作。

雖然人力市場和商品市場（如收銀機、印刷機）有許多共通的特性，但其間也有重要的差異。例如，老闆不須擔心印刷機經常偷閒喝咖啡，或是拿公司文具供私人使用。由以下的例子可以看出，這種差異可以解釋不少有趣的薪資模式與雇用慣例。

## 34　爲什麼我們對有些服務會給小費，有些卻不會？

在美國上餐廳吃飯，慣例要給侍者小費，金額大致是消費的十五至二十%。可是也有提供許多其他服務的人員，並不預期能收到小費，甚至有時收小費是違法行爲。爲什麼有這種差異？

一般人會認爲，餐廳形成收小費的慣例，爲的是鼓勵更好的服務。餐廳老闆當然願意支付優秀的侍者較高的待遇，因爲體貼周到的服務可提供顧客愉快的用餐經驗，吸引他們再次上門；而侍者也會努力提供更好的服務，以爭取較佳的待遇。問題是老闆很難直接監督每桌的服務水準，因此不如把餐飲價格略微調低，由顧客根據對服務的滿意程度給小費。畢竟顧客經常持續光顧同一家餐廳，所以因爲服務好而收到豐厚小費的侍者，下回看到同一位客人再度上門時，通常會提供更周到的服務。

在餐飲業激烈的競爭壓力下，就算小費給得不慷慨，侍者的服務也不能打折，否則顧客大可以去別家用餐。

不過在其他情況下，顧客能享受到的服務就未必有這樣的保障。例如，就算車主對汽車監理人員的服務不滿意，也沒有其他選擇。一般人沒必要不會上監理處，因此那裡的服務好當然不錯，但我們卻不會爲了獲得較好的服務而給監理人員小費。

## 35　爲何許多速食業者承諾，如果結帳時未開立發票，願意免費奉送一餐？

上速食店的人多半不會報公帳，所以未必要求開立發票。那麼爲什麼那麼多速食店在收銀檯邊張貼告示，聲明結帳時未交付顧客發票，這一餐就不收錢？

餐廳與其他零售業者爲防範舞弊，會要求收銀員在交班時核對收進的現金與收銀機的銷售金額。如有金額短缺，收銀員通常得補足差額。

收銀員若有心規避這重限制，可以不把部分交易入帳。這種伎倆之所以行得通，是因爲要將餐廳的庫存與個別收銀機的交易逐一比對相當困難。因此如果收銀員要隱匿一筆二十美元的消費，只要把收到的二十美元納入私囊即可，如此當天結帳時根本看不出瑕疵。

老闆當然也可雇用稽核人員監督每筆交易，可是所費不貲，反不如招待未收到發票的顧客免費吃一頓，以這種經濟誘因鼓勵顧客無償爲他們監督收銀員。

## 36 爲什麼個人薪資長期的上漲程度，往往超過本身生產力的成長？

採行長期雇用策略的公司，員工每年調薪的水準，往往超過他們生產力增加的程度。假使每位員工在公司整個服務期間內的平均薪資，不可能超過他的平均生產力，這就意味著員工在工作初期，公司支付的薪資低於他的生產力，而後期的薪資則高於生產力。可是一旦員工的薪資高於他對公司的貢獻，公司爲何仍願意繼續雇用？

監督員工：顧客的眼睛往往最雪亮。

這種薪資長期結構形成的原因之一，乃是它能發揮特定的效用，防止員工欺騙或怠惰。⑦單以美國而言，企業每年因員工瀆職遭受的損失達數十億美元。如果公司能找出有效防制之道，就可以支付員工更高的待遇，同時獲利還能提升。對有心舞弊或偷懶的員工來說，並不樂見公司採取薪資上漲速度超過生產力的模式。因爲工作初期的待遇比不上其他一些企業，而一旦瀆職行徑被公司察覺而遭革職，後期相對較高的薪資也領不到。相反地，誠實的員工就頗能認同這種薪資模式，因爲他們有信心自己可以一直待在公司，領到後期較高的待遇。當然公司也要了解，如果無法信守這種長期薪資模式，勢將有損企業名聲，也就不容易招募到優秀的新人。

## 37 爲何雇主有時願意支付超過必要水準的薪資，以吸引希望雇用的人員？

根據勞動市場競爭理論，雇主只願支付足以吸引理想人才的必要薪資水準。可是我們常看到許多公司職位出缺時，會有不少條件優異者前來應徵。公司難道不能降低這些職位的待遇，以獲取更高的利潤嗎？

一個可能的解釋是，提供優渥的待遇可以激勵員工的向心力，在工作上全力以赴。⑧如果只領一般水準的薪資，員工並不會太在意這份工作，因爲在完全競爭的勞動市場上，一般待遇的職缺比比皆是。可是超水準的待遇就沒那麼普遍，因此有幸得到這類工作機會的人應該會相當珍惜，也會比一些待遇普通的同事更加認眞。只要眞能發揮這樣的效用，公司就算支付較高的薪水，應該還是划算的。

## 38　爲什麼大多數公司在聘用員工前會進行身家調查，而ＭＢＡ學程則是在核准入學後才進行調查？

大企業在聘用人員前，慣例會請私人公司進行一番身家調查。許多大學對專業學位課程的申請者也會進行類似的調查，只不過調查的時點通常是在申請被接受之後。爲什麼商學院不在接受ＭＢＡ學程申請前先進行調查？

一個可能的原因是企業用錯一個人，付出的代價遠比收錯一個ＭＢＡ學生來得高。不過眞是如此，爲什麼ＭＢＡ學程還是要進行所費不貲的調查？

專業學位課程招收學生的流程，和大公司招聘員工的流程並不相同。想攻讀ＭＢＡ的人通常會同時申請多家學校——一般是三、四家高難度的學校，五、六家錄取可能性不低的學校，還有一些安全備胎。因此學校很清楚，不少獲得核准者最後會到其他學校註冊。應徵大企業職缺的人，也有不少同時寄出多份履歷，但畢竟相關面談程序所需時間較長，因此最後會認眞考慮的工作機會大概只剩一、兩個。身家調查費用昂貴，ＭＢＡ學程通常只有等到相當肯定申請者會入學時——如收到保證金——才會開始進行身家調查。

大多數工作都要求受雇者按規定時間上班，並領取先前談妥的薪資，可是有些職務卻由工作者直接把服務出售給公眾而領取報酬。以下兩個例子討論的就是這類工作者會遇到的抉擇。

## 39 爲什麼獨立音樂人，尤其是其中最爲才華洋溢者，贊同音樂免費分享制，但擁有一定地位的大牌表演者卻反對？

一九九九年，Napster 引進第一個網路音樂檔案共享方案，知名演藝明星如金屬製品樂團（Metallica）與瑪丹娜（Madonna）很快出面譴責。⑨相反地，許多明日之星的獨立音樂人卻表示贊同。爲什麼這些音樂人如此急於「贈送」自己的歌曲？

知名歌星的重要收入來源是靠銷售CD，因此當然傾向反對消費者可免費取得他們的歌曲。但獨立音樂人面對的情況大不相同，他們得先在某個地區打下相當穩固的歌迷基礎，才能寄望CD會大賣。但表演管道爲數有限，而競爭的樂團卻成千上萬，因此就連想達到這樣程度的成功也算奢求。沒錯，有實力的樂團或許終能在本地音樂市場闖出名號，但眞正的難關在於如何由本地走向區域性，而檔案共享顯然是可以展現實力的方式。如果本地歌迷可以把歌曲 e-mail 給鄰近城市的友人，一些最具實力的樂團就比較有機會贏得外地的演出邀約。

就算歌曲能在網路上免費取得，但只要樂團在區域內站穩腳步，還是可以從ＣＤ銷售獲得可觀收入。死忠的粉絲雖然會毫不內疚地免費下載大型唱片業者的音樂，卻還是願意花錢購買最喜愛樂團的ＣＤ。

簡言之，不同音樂人對待音樂檔案共享的態度其實合乎經濟學原理。地位已經確立的明星會因此蒙受損失，而蓄勢待發的新興樂團——尤其是其中的佼佼者——卻可望因而獲益。

## 40　爲什麼計程車司機下雨天會提早收班？

在多數大城市，天氣好的時候很容易在街頭攔到計程車，可是一碰到下雨，車子就難叫得多。有個顯而易見的原因是，好天氣時很多人不介意走一段路，但下雨時就比較想搭車。因此在計程車數量不變下，雨天的載客率本來就比較高，可是這時候還有些司機提前收班，使得空車數變得更少，這是爲什麼？

根據一項近期的調查，許多司機在每天收入達到目標水準後就收班。⑩天氣好的時候，他們得多花些時間穿梭於街頭才能賺到這個金額，可是到了下雨天，大多數時候都能載到客人，所以很快就能達到目標。

計程車司機雨天提早收班之舉，恰好與他們的經濟利益背道而馳，因爲雨天提早收班的機會成本遠比晴天要高。如果他們把收入目標的期限拉長——像是變成一個月——而希望在這一期間內以最短的工時賺到一定的金額，那麼就該在雨天盡量開長一點時間，而等天氣好時多休息。

除非你的時間機會成本爲零，否則自己動手修剪草坪或燙襯衫還是有些成本。因不論個人或公司，都該決定哪些事情由自己動手，哪些該交給別人去做。下面一些例子就是說明不同情況下，這類自製／外購的決策會有什麼差異。

計程車司機下雨天提早收班，錯過賺錢的好時機。

## 41 爲什麼現在爆胎時花錢請人代換輪胎比從前來得普遍？

有個學生最近對自己家族十六名成員進行調查，詢問他們是否知道怎麼換胎，結果九個人說不會，另外七個人雖然表示會換，但也承認從來沒自己動手過。他們的答案還呈現一個清楚的模式——九個說不會換的人比較年輕。爲什麼換胎的能力似乎日漸消失？

經濟自然學家還是由相關成本與效益的變動來思考這類問題。過去幾十年來，學習換胎的成本應該沒有多大的變動。就算有，也應該是稍微下降，因爲抬高輪胎的千斤頂在設計上更爲精良。

重大改變發生在學習換胎的效益面。其一是輪胎設計改善，使得爆胎情況大爲減少。許多車輛現在裝的是低壓安全輪胎，即使胎壓極低也能安全駕駛。另一項重大的改變是大多數駕駛都有手機，即使身處偏遠地點也能找人前來處理。

這樣一來，懂得換胎的效益自然大不如前。輪胎品質的提升使得這項技術很少有用武之地，而就算眞的爆胎，請人修理也比以前容易。正是由於這些改變，讓許多年輕駕駛覺得學習換胎的好處不再高於成本。

## 42 爲什麼公司寧願以天價聘請臨時的管理顧問，而不肯以低得多的薪水雇用全職經理人？

公司聘請管理顧問公司時，除了按鐘點支付顧問酬勞，還得負擔顧問公司收取的高額經常性費用。有些顧問公司每支付顧問一美元薪資，就向客戶收費三美元。爲什麼這些公司不直接多雇用一些經理人呢？

一個可能的解釋是，管理顧問的功能類似電力公司應付尖峰需求所使用的昂貴發電機。絕大部分的供電可由基本負載發電機滿足，這些設備售價高昂，但營運成本低。至於暫時性的電力需求，以這種昂貴設備來供應並不划算，因爲大多數時間都閒置不用，電力公司多以售價低廉但運轉成本偏高的尖峰發電機來因應。⑪

同樣地，公司對管理服務的需求也並非一直處於相同的水準。因此大多數公司認爲，由全職經理人負責大部分日常管理事宜，再聘請管理顧問應付短期的尖峰需求，應該是比較明智的作法。沒錯，聘請管理顧問的鐘點成本遠遠超過自家的經理人，可是如果需要協助的期間相對短暫，那麼與其多聘一些全職經理人，而多半時間閒著沒事，可能還不如聘請昂貴的顧問比較划算。

公司願意不惜重金聘請管理顧問，可能還出於另一層考量，那就是具爭議性的企業策略如果由聲譽卓著的外界顧問倡議，推動起來會比較容易。比如說，公司預期業績前景看淡，有必要裁減部分業務人員，但又擔心此舉影響留任員工的士氣，這時如果表示裁員措施並非出自公司管理部門的主張，而是由麥肯錫（McKinsey）公司建議實施，或許阻力會小一點。

## 43 爲什麼電力公司願意高價透過律師事務所聘用某位律師，而不以一半的價錢直接雇用這位律師？

紐約州北部一家電力公司每年花費一百萬美元以上的費用，聘請芝加哥某律師事務所的資深律師提供全時服務，但事務所支付這位律師的年薪不到五十萬美元。爲什麼電力公司不直接雇用這位律師，每年豈不是可以省下五十萬美元？

電力公司屬於管制型事業，所以需要大批常任律師處理與管制機構相關的案件。由於絕大部分案件均爲例行性，所以負責的內部律師年薪通常不到十萬美元。不過另有少數重大的法律案件涉及可觀的金額，法律素養的些許差異就可能意味著每年幾百萬美元的損失。因此以高薪聘請頂尖好手處理這些案件，對公司顯然是有利之舉。問題是內部律師如果領取五十萬美元的年薪，勢必引發其他待遇不到十萬美元的律師要求加薪。⑫考量這種可能性，那麼以顧問費的形式支付外界律師百萬美元的酬勞，算起來可能成本較低。

本章最後一個例子旨在說明，以支付專業人士酬勞的方式不同，可能會影響到他們提出的建議。

## 44 爲什麼膝蓋痠痛的患者如果加入的是傳統醫療保險，接受磁振造影（MRI）檢查的機會高過加入健康維護組織（HMO）保險的患者？

在傳統醫療保險制度下，醫師提供患者的每項服務，都根據事前約定的費用表獲得給付。也就是說，提供的服務愈多，獲得的給付也愈高。相反地，標準的HMO保險是由一群醫師組成，每年向患者收取固定的年費，並承諾提供最符合患者利益的醫療服務。也就是說，不論患者接受醫療服務的多寡，醫師由每位患者得到的金額都一樣。

大多數醫師當然會以患者的健康爲最高考量，而不管他加入的是什麼形態的醫療保險。可是其間難免會出現模糊地帶，就以膝蓋痠痛的患者爲例，可能關節休息幾星期即可痊癒，但也可能經過昂貴的磁振造影檢查後，發現結構性損傷，必須靠開刀治療。此時HMO的醫師必須承擔檢查的成本⑬——還不提檢查後發現必須開刀的成本——難免會傾向於先觀察一陣子的作法。如果患者加入的是傳統醫療保險，醫師沒有這些成本的顧慮，建議立刻進行檢查的機率就要高得多。

# 4 爲什麼有人付的價錢比較貴

## 折扣定價經濟學

單一價格法則最適用於完全競爭市場，如食鹽和黃金等，這類市場上有無數供應者出售標準化的產品。可是許多產品並非在完全競爭市場銷售，就以電影而言，雖然同類型電影可能多少有些替代性，但各地戲院放映的片子並不能算標準化產品，至少戲院的位置和放映的時間都是獨一無二的。更何況，在觀眾心目中，《北非諜影》（*Casablanca*）絕不可能與《驚聲尖叫八》（*Scary Movie VIII*）相提並論。

正由於單一價格法則不適用於戲院放映的電影，所以電影票價有高有低並不令經濟學者意外。就算同一部片子，日場的票價通常比晚上低，因爲白天有空看電影的人比較少。

戲院老闆也會對特定群體提供折扣，像是學生或老人，主要是考量他們對價格比較在意。戲票和鹽或黃金不同，無法自由轉售。學生票無法轉賣給成年人牟利，因爲進場時必須出示學生證。如果販賣的是一種體驗，而不是具體的產品，那麼轉售圖利的可能性更微乎其微。就好比有位學生看了一部電影之後，就不可能把觀影經驗轉售給一個成年人。

不過在實體產品的市場——尤其是高價產品——由於可以轉賣套利，所以就算獨占的賣家，也不可能對某些購買者收取較高的價格。對只穿名牌 Manolo Blahnik 女鞋的死忠愛用者來說，這家廠商當然是獨占者，但即使如此，Blahnik 也不可能依據顧客需求的強度而索取不同價格，否則購買者之間可以轉售交易。同樣地，戲院老闆不可能賣給成年人的爆米花索價五塊美金，而學生只要兩塊美金，因爲學生大可低價買進，再加價轉賣給成年人。

套利的可能通常會限制賣方對同樣商品索取不同價錢，不過商家也想出一些巧妙的突圍之道。這類招式往往有個共通特質：賣方允許買方以折扣價購買，但先決條件是買方必須願意承擔一些麻煩。①最普遍的例子就是臨時的特賣活動，你得不嫌麻煩，花點工夫弄清楚特賣的時間，屆時光顧現場，才能買到特惠商品。至於那些怕麻煩的人，就得付出較高的價格。

只要看過下面幾個例子，了解廠商如何設定障礙來進行差別定價，你就會發現，現實生活中幾乎沒有產品不用到這種手法，只是形態有所差異。幾年前，我出差到明尼亞波利斯開會，行前預訂了一家旅館，房價是二百美元。到了旅館櫃檯辦理入住手續時，我注意接待人員身後有塊指示牌：「請詢問特惠房價。」出於好奇心，我順口問了一下，結果對方告知，我可以享受一百五十美元的特惠房價。

我只不過順口問了一下，就取得這項折扣，其實一點都不麻煩，因此我不免想了解是否有人連問都沒問。詢問櫃檯人員之後，他告訴我，大多數人根本就懶得問。

由賣方觀點來看，所謂有效的折扣障礙，是指價格敏感（沒折扣時可能就不願購買）的潛在顧客很容易克服，而不在意價格的顧客卻覺得麻煩或根本無意了解。以上述我的經驗來說，那塊邀請顧客詢問特惠房價的指示牌讓旅館少賺五十美元。不過對某些房客來說，這還是構成一種有效的障礙，因爲有人會覺得詢問特惠價格有失體面，而還有些人，例如報公帳的出差人士，根本不在意房價高低。

下面兩個例子談的都是對折扣定價所採取的障礙。

## 45 爲什麼旅館房間迷你吧的價格這麼偏高？

如果想喝一千西西的愛維養（Evian）礦泉水，紐約曼哈頓美麗殿飯店迷你吧的索價爲每瓶四美元。但如果你願意走到街角的藥妝店，價格只要九毛九美金。爲什麼旅館迷你吧的價格高得離譜？

零售業者各項商品的售價幾乎都要比非專門銷售者來得低，因爲它的銷量大，而且具有專業經營的效率。因此在藥妝店賣一塊錢美金的礦泉水，旅館必須賣到兩塊美金才足以回收成本，應該算相當合理，可是要說旅館的成本是藥妝店的四倍，就很難令人相信。

比較可能的解釋是，迷你吧以如此高價出售商品，乃是此一策略間接有助於旅館提供更優惠的折扣給價格敏感顧客。旅館爲提高住房率，必須以較低房價吸引顧客。例如不少旅館對網路訂房給予折扣，正是考量網路購買者對價格比較敏感。

由於競爭激烈，旅館業利潤率並不高，因此要能提供價格敏感顧客更高的折扣，旅館得想辦法由其他客人身上找出生財之道。旅館方面當然很清楚，迷你吧商品價格如此高昂，會令大多數客人裹足不前，但總還會有些不在意價格的客人會掏腰包。旅館由這些客人賺到額外收入，就有能力提供更高的房價折扣。這個案例中的折扣障礙，是放棄迷你吧即時供應商品的方便性，只要不介意多走幾步路，就可以享受拜高價迷你吧之賜而來的較低房價。

## 46 爲什麼銀行之間的轉帳，以電子處理的方式收費要比郵寄支票來得高？

如果有人要還你一萬塊美金，可以用兩種方式把錢由他的戶頭轉過來。如果他寄支票給你，你把支票存入帳戶時，銀行不收你任何費用。他也可以要求銀行把款項電匯到你的戶頭，這時你的銀行會向你收取國內匯款費，通常是十五美元。爲什麼銀行收到電匯轉帳的款項要收費，但對於處理成本可能更高的支票存入卻不收費？

處理支票要經過收件、掃瞄的程序，而且往往還須運送書面文件，因此常要幾天後才能入帳。反之，在電子轉帳方式下，幾乎瞬間即處理完成。銀行人員只須將相關資訊輸入電腦，匯款與收款雙方帳戶的金額就即時調整完畢。

銀行對電子轉帳收取較高費用，就是看準選擇此種方式匯款者重視交易能快速完成。支票轉帳金額往往較小，因此晚幾天收到也無所謂，但電子轉帳通常涉及較大額款項，並與時效急迫的商業交易有關。由於顧客很在意這類交易的時效，所以銀行也就看準機會，收取可觀的費用。

如果想省下電子匯款的費用，你就得忍受一些不便，多等上幾天才收到款項。

## 折扣定價與效率提升

假設要一班三年級的小朋友到教室外面，由高至矮排成一列，然後由最高的排頭開始，每隔五分鐘讓一位小朋友回到教室。隨著教室內人數逐漸增加，每進來一名學生，教室內小朋友的平均身高會有什麼變動？由於每次新進來的人都比原先教室內的學生矮，所以教室內學生的平均身高必然隨著每位進來的人而下降。

攸關市場定價的成本模式其實就相當類似這種模式。在許多生產流程中，邊際成本（也就是多生產一單位產品的成本）低於平均成本（也就是廠商總成本除以總生產單位數）。具有這種成本結構的生產流程呈現「規模經濟」（economies of scale），也就是平均成本會隨著產量增加而持續下降，就像教室內學生的平均身高會隨著每名進來的學生而不斷下降。

爲了企業的長期生存，產品售價平均來說不得低於平均生產成本，否則就會出現虧損。不過**部分**產品以低於平均成本的價格出售，對廠商經常是有利的。只要多出售一單位產品的價格高於邊際成本，就能增加廠商的利潤，但前提是出售給其他買家的價格不致跟著下殺。

如果生產流程具有規模經濟，障礙折扣法就是廠商不可或缺的工具。因爲廠商可對價格敏感的顧客提供折扣，但毋須同時對其他顧客降價，如此得以擴增銷量，從而降低平均生產成本。②

提供兩個城市間的航空服務就是一種具規模經濟的生產流程，因爲隨著載客數增加，平均成本會跟著下降。原因之一是大型客機每一座位—哩程的單位成本遠低於小型客機。例如波音737-900ER有一百八十個座位，每個座位國內飛行平均成本比一百一十座的737-600低二十五％。大型客機成本低的另一項原因，在於有不少飛行成本是固定的，與乘客數多寡無關。如一些繁忙機場的通關成本、起降地點取得與時刻協調成本。航空公司吸引更多乘客搭機，即可大幅降低平均每位乘客的運輸成本。

機票折扣有助於吸引顧客，而如果說什麼折扣障礙最有效，超省（SuperSaver）機票的週六留宿要求應可以列名其中。航空公司的行銷主管都很清楚，出差旅客對機票價格的敏感度遠低於旅遊客人，而且通常也希望週末能趕回去與家人團聚，但旅遊客人的行程幾乎一定會包含一個週末。因此超省把週六留宿訂爲享受折扣的條件，可以說是兩全其美：少有出差人士願意配合這項限制，而大多數旅遊客人則能輕易配合。

看到身旁渡假旅客付的機票錢遠比自己低，常令不少出差人士心情不爽，但航空公司若能善用週末留宿障礙，其實對商務客人也能帶來好處。

對出差者而言，方便的航班時間至關重要，可是航空公司考量任何兩個城市間的乘客數有限，有時必須採用單位座位成本偏高的小型飛機，才能提供較爲頻繁的航班。但大多數旅遊客人卻寧願放棄這種方便，選擇班次少但較省錢的大飛機。

比起單一票價的作法，週末留宿的限制可以讓兩類乘客都得到好處。由於吸引到更多的旅遊客人，航空公司有能力採用效率較高大型飛機。原本爲滿足商務客頻繁的班次需求，以致機票價格偏高，此時可因成本下降而調低。同時旅遊客人也只要付出和原本巨無霸包機相同的費用，即可享受較頻繁班次的好處。

商務客人因不符合週末留宿的限制，就必須支付較高的費用，是否不盡公平呢？如果商務客人不要求較頻繁的班次，航空公司大可採用比現在更大、更有效率的機型。因此商務客人所支付的機票款，至少有部分是反映航空公司爲滿足他們需求，而不得不採用較小型飛機所增加的成本。

當然，折扣障礙也不可能百分之百公平地分攤到航空公司的成本上。例如有些旅遊客人需求較頻繁的班次，也願意爲此支付較高的價格，只不過恰好可配合週末留宿的限制，就不必這麼做。同樣地，也有些商務客人只要能夠省錢，寧願忍受較少的班次。不過整體而言，現行機票價格結構大致上還算公平。

下面幾個例子可以說明，定價策略如何協助生產者與消費者共享由規模經濟所節省的成本。

受損品年度大特賣時，經常供不應求。

## 47 家電經銷商爲何刻意把銷售的爐具或冰箱敲出凹痕？

有些家電產品由製造商運往經銷商的路途中，表面可能輕微受損。經銷商發現，與其把這些受損品運回工廠修整，倒不如打折賣掉比較省事。西爾斯百貨（Sears Roebuck）就是這類受損家電特賣會的先驅。

後來據傳言，特賣會的前幾天，西爾斯會要求倉庫人員把原本完好無缺的家電產品刻意弄出缺損來。這種說法是否純屬無稽？抑或以利潤爲導向的經銷商刻意毀損部分商品，自有合理的經濟學理由？

任何折扣方案的目的，都是想吸引那些不願按標價購買產品的潛在顧客，但同時又盡量不讓其他顧客也享受到這種折扣。家電經銷商或許偶然發現，稍有污損的冰箱正是能夠區隔潛在顧客的絕佳障礙。消費者要參與受損家電特賣會，有待克服的障礙有三。首先，必須不怕麻煩找出拍賣的時間；然後安排出空檔特地走一趟；最後，還得忍受新買的冰箱有塊凹陷，即使凹陷可能在後邊，放好之後看不到。面對這三項障礙，經濟條件好的人可能一項都懶得克服。不過西爾斯很快就發現，價格敏感的買家爲數可觀，他們很樂於克服三項障礙。

因此，家電經銷商如果手頭受損商品有限，特賣會之前讓員工在倉庫中揮動鐵槌，或許並非那麼異想天開。只要此舉能擴增產品銷售，就可降低每件家電的平均成本，也讓所有消費者有機會共享售價降低的好處。

## 48 爲什麼蘋果黑色的膝上型電腦，售價比功能完全相同但外殼爲白色的要貴上一百五十美元？

二〇〇六年七月一日，蘋果傳統白色外殼的十三吋 MacBook 膝上型電腦在公司網站的標價爲一千二百九十九美元，但同型黑色電腦的價格卻是一千四百九十九美元。經過進一步分析，發現黑色機型配備的硬碟是 80 gigabyte，比白色外殼的標準配備多了 20 gigabyte。因此我們似乎找到了合理的解答：黑色電腦功能較強，所以售價較高。可是再進一步分析，卻發現白色外殼電腦也可選擇配備 80 gigabyte 硬碟，而且價格只多五十美元。因此，我們還是看到一個矛盾的現象：對蘋果而言，生產黑色外殼電腦的成本，與生產同型白色電腦幾無差異，爲什麼售價卻高出一百五十美元？

蘋果的定價決策，無疑受到二〇〇五年秋季 iPod 引進黑色款後市場反應的影響。雖然黑色 iPod 售價與傳統白色款一樣，而且性能相同，但市場需求熱烈，很快就銷售一空，而白色款卻仍有存貨。由於黑色是新推出的款式，所以特別顯眼，獲得更多消費者的青睞。蘋果對黑、白兩款 iPod 設定相同價格，其實等於在桌上留下現金。因此二〇〇六年春季推出新款 MacBook 時，蘋果就記取了這個教訓。黑色電腦之所以售價較高，純粹是因爲有條件賣得貴。

黑色電腦賣得比白色貴，是否不公平？就和搭飛機一樣，生產電腦的平均成本會隨著數量增加而快速下跌，主要的原因在於公司研發成本大致是固定的，不會因生產量多寡而有什麼變動。因此公司只要能以高於邊際成本、低於平均成本的價格多賣出產品，就可以增加獲利。不過爲回收研發成本，公司還是有部分產品必須以高於平均成本的價格出售。

在一個公平的世界裡，消費者愈看重研發帶來的創新，通常也就得承擔較高比例的研發成本。這些人是誰呢？最不在乎價格的買家，通常也最捨得爲新產品的先進特性掏腰包。公司的研發成果造福所有顧客，可是受惠最大的還是這些願意爲新功能付出高昂代價的人。只要這種折扣障礙發揮作用，以高價購買黑色電腦的消費者也就沒什麼好抱怨的。

## 49 爲什麼音樂會套票比單場票便宜那麼多？

芝加哥交響樂團和大多數知名樂團一樣，同時出售單場票券與系列套票。購買套票者可以欣賞好幾場表演，平均價格比單場票券便宜三十五％。爲什麼套票價格便宜這麼多？

發售套票形式，可以讓樂團把每場演出的固定成本分攤到更多聽眾身上。假設芝加哥交響樂團排定兩場音樂會，第一場是浪漫樂派的白遼士（Berlioz）與柴可夫斯基（Tchaikovsky）的作品，第二場是新古典的巴爾托克（Bartok）與史特拉汶斯基（Stravinsky）的音樂。如果兩場音樂會的潛在聽眾分屬四個人數相同的群體：第一組是浪漫樂派樂迷，願意付四十美元聽第一場，二十美元聽第二場；第二組偏好新古典音樂，願意付二十美元聽第一場，四十美元聽第二場；第三組是狂熱的柴可夫斯基迷，願意付四十五美元聽第一場，卻只願花五美元聽第二場；最後一組是狂熱的史特拉汶斯基迷，願意花四十五美元聽第二場，但第一場只願花五美元。

了解這些潛在樂迷對兩場演出的態度後，如果樂團以單場方式售票，那麼最好的定價模式就是兩場票價各爲四十美元。在這種票價下，浪漫樂派以及柴可夫斯基的樂迷會參加第一場音樂會，而新古典樂派以及史特拉汶斯基的樂迷則會參加第二場。假設四組聽眾各爲一百人，那麼每場音樂會的出席人數爲兩百人，而票房總收入爲一萬六千美元。

假設樂團也出售兩場演出的套票，那麼最有利的定價方式是單場演出爲四十五美元（比前面高出五美元），而套票則是每場三十美元（比前面少十美元）。在這樣設計下，柴可夫斯基的樂迷只會出席第一場，而史特拉汶斯基樂迷則只會出席第二場，和上面的情況相同。可是浪漫派與新古典這兩組樂迷現在都會聆聽兩場演出，而不是一場。浪漫派樂迷在第一場音樂會的票價雖然比前面少付十美元，但因爲額外加購第二場演出，所以樂團反而可以多收二十美元。同樣地，新古典樂迷加購第一場演出，也讓樂團可以多收二十美元。

大多數交響樂團都絞盡腦汁，希望每年能獲得充裕的收入，以支應演出成本，而套票的設計就是一項解決之道。在上述例子中，樂團以套票方式可以取得二萬一千美元的收入，比僅出售單場票劵多出五千美元。

## 50 爲什麼航空公司對臨時購票收取高許多的票價，而百老匯劇院的作法卻恰好相反？

音樂劇愛好者如果下午到紐約時代廣場的TKTS窗口（編按：以折扣價提供當日各劇場剩餘戲票的窗口。），能夠以半價買到不少當晚演出的百老匯音樂劇門票。可是搭機當天才買票的乘客，付出的價款卻比預先訂位者高出很多，有時整整貴上一倍。爲什麼兩者會出現截然相反的情形？

飛機起飛與劇場簾幕拉開的時候，空著的座位代表的是永遠喪失的收入。不論航空公司或劇院，無不迫切希望盡量塡滿座位。不過在此同時，打折價出售座位，就表示這

時間成本高的人，比較不可能排隊購買打折品。

個座位不能賣給願意付出全價的客人。因此行銷單位的挑戰永遠是：如何在不致過分犧牲每個座位平均收入的情況下，盡量塡滿所有座位。

航空業者的行銷主管很早就發現，商務客人比旅遊客人更容易在最後一刻更改行程，而且對票價也比較不在乎。因此航空公司的策略是，對最後一刻訂位者（絕大多數爲商務客人）收取全價，而對提早相當時間訂位者（大多數是旅遊客人）則給予折扣。

不過劇場業的狀況與此稍有

不同。雖然高所得者對票價同樣比較不敏感，不過他們不太可能在開演前不久才去買票。演出當天到TKTS窗口購票，涉及雙重的麻煩：首先你必須排隊，有時得花一個鐘頭以上，有錢人不太可能爲省下幾塊錢而這麼做。其次，更重要的是，通常只有幾檔戲有折扣票，以不太熱門者爲多。高所得者時間的機會成本高，比較希望把握寶貴的晚上空閒時間觀賞自己最想看的演出。對於價格較敏感的低所得者而言，這兩項麻煩都不構成障礙，如果不能由TKTS窗口買到折扣票，他們可能乾脆不看。

雖然航空業與劇場的折扣障礙迴然不同，不過兩者用意都在塡滿更多座位，以降低每名客人的平均成本。

必須克服某種障礙才能享受折扣，對購買者當然是一種負擔。不過在一些案例中，要克服折扣障礙只須知道某項資訊即可。知道資訊，就可享受優惠價格，一點也不麻煩。

## 51 如果一杯咖啡的標準量是八盎斯，爲什麼星巴克飲料單上最小杯的容量是十二盎斯的Tall？

星巴克（Starbucks）是全球最大連鎖咖啡館。一九九九年以來，星巴克列出的咖啡容量分三種：Tall（十二盎斯）、Grande（十六盎斯）、Venti（二十盎斯）。但以一般通用的標準而言，一杯咖啡的分量應該是八盎斯，或甚至只有六盎斯。即使星巴克的調理指南上也寫道：「我們建議每六盎斯水用兩湯匙研磨咖啡粉。」那麼星巴克爲什麼不賣標準分量的咖啡？

其實是有的。如果你向調理人員點的是Short，那麼端上來的咖啡的確是裝在傳統八盎斯的杯子裡。可是Short卻未列在飲料單上，也少有顧客知道這個選項。Short其實是星巴克最實惠的咖啡，Short卡布奇諾比十二盎斯的便宜〇・三美元，但濃縮咖啡的分量一樣，只是奶泡較少，所以口味受到許多行家的推崇。

星巴克低調的銷售方式，就對Short容量的咖啡形成一種折扣障礙。③對價格不太敏感的顧客之所以不購買這種咖啡，純粹是不知道它的存在。但是在大多數市場中，對價格敏感度高的顧客總會努力搜尋更划算的交易。如果你是這類人，身旁應該會有朋友發現星巴克這個祕密，然後轉告你。至於那些對價格沒那麼在乎的人，就繼續心滿意足地喝著二十盎斯的Venti。

並非所有價格差異都一定屬於折扣障礙。例如餐廳提供六十五歲以上顧客半價優待，你如果只有三十歲，無論如何也享受不到這項優惠。經濟學家通常把這類價格差異視爲純粹的市場區隔，而對年長者的優惠通常是考量他們的所得相對偏低。

## 52　爲什麼堪薩斯城到奧蘭多的來回機票，比奧蘭多到堪薩斯的來回機票便宜？

如果你住在密蘇里州的堪薩斯市，打算二〇〇六年十二月十五日飛往佛羅里達州的奧蘭多，並且一週後返回，那麼你在網路上看到的最低票價是二百四十美元。不過如果你打算由奧蘭多飛往堪薩斯，那麼同樣日期的來回票價格卻是三百一十二美元。這兩項行程飛機機型一樣，消耗的油料和享用的機艙設施也沒差別，爲什麼票價差那麼多？

如果你由堪薩斯市出發到奧蘭多，通常是去渡假。其實你同時還有很多地點可以選擇——夏威夷、巴貝多、坎昆……等不勝枚舉。正由於渡假客有很多地點可以去，所以航空公司在這一區塊競爭激烈。大型飛機占了成本較低的優勢，因此業者瞄準價格較敏感的渡假客，積極賣出更多的座位。

可是如果你由奧蘭多出發往堪薩斯市，比較可能是出差或家庭因素，也就不會考量其他地點，對於價格也就不那麼敏感。這正是奧蘭多出發的來回票比較貴的原因。

下面幾個例子說明賣方在什麼情況下，願意提供消費者免費或減價商品，或是更優越的性能。

## 53 爲什麼那麼多餐廳提供免費續杯的飲料？

已故的喬治・柏恩斯（George Burns）提過，有位老闆說他賣出的每件商品都虧錢，但是靠量大彌補過來。當然，採取這種策略的企業不可能長期存活。因此免費續杯令人不解，這樣做的餐廳怎麼能生存下來？

多數企業賣的商品種類不少，所以就算部分商品的售價不敷成本，還是可以經營下去。只不過，總收益至少不能低於總成本。因此只要主菜、甜點或其他項目有夠高的利潤率，餐廳就有本錢提供飲料免費續杯。

可是餐廳爲什麼**願意**提供免費續杯？表面上看來，這種作法不符合完全競爭的邏輯，因爲消費者理應負擔所購買額外商品或服務的全部成本。

不過競爭從來就不完全。餐廳和其他許多產業一樣，每位顧客平均成本會隨著顧客人數增加而下降，也就是說，餐點的平均成本高於邊際成本。餐廳對每份餐點的索價必須超過邊際成本，因此只要吸引愈多顧客上門，餐廳的利潤就愈高。

假設一開始時沒有任何餐廳提供免費續杯，而有某家餐廳開始這麼做，結果會如何？享受免費續杯的客人會覺得自己賺到了，而一旦口碑傳開，上門的客人會大幅增加，雖然續杯的確有些成本，但金額微不足道。

這項策略要能成功，餐廳額外賣出餐點的利潤必須超過續杯的成本。由於這項條件通常都能成立，所以餐廳的總體獲利可望因而提升。

其他餐廳看到免費續杯的效果，也會開始起而效尤，這樣做的業者愈多，原創餐廳的人氣也會隨之分散。等到所有業者都採行這種作法，各家餐廳的營業也大致回復原先沒有這項措施前的水準。由於餐廳業利潤率傳統上並不高，所以免費續杯最終可能導致許多業者面臨虧本的命運。

如果這一過程中餐點價格維持不變，的確可能導致虧損。不過在採行免費續杯後，用餐者可享受原本要花好幾塊美元才能喝到的飲料，代表他們由用餐獲得的淨利益增加。正因如此，餐廳就有條件提高價格。等到最後塵埃落定，餐點價格提高的幅度，大致上相當於支應免費續杯所增加的小額成本。

另外值得一提的是，成本只有幾美分的冰茶、飲料或礦泉水，餐廳的索價通常是兩美元左右。除非續杯許多次，否則額外增加的成本相當有限。如果只有百分之十的客人因免費續杯而多要了飲料，餐廳更是穩賺不賠。但餐廳的飲料或冰茶如果是以罐裝形式提供，就比較不可能採取免費續杯的措施。這種例外狀況正好可以作爲此一問題的反面佐證。

## 54 爲什麼錄影機有那麼多功能，就連最簡單的機型，都有一大半功能是一般消費者根本用不到的？

購買錄影機的消費者，通常只是希望看錄影帶或是錄些喜歡的電視節目。目前市面上的錄影機都具備這些功能，只不過除此之外，還有一大堆令消費者眼花撩亂、但根本用不到的功能。例如許多機型在每次錄影前會自動在錄影帶遙控器上顯示一個記號，讓你只須按1到9的鍵，即可找到你想看的節目。大部分機型現在還有螢幕顯示的程式（使用）說明，而且有英語、西班牙語或法文三個版本。這許多功能有些的確很好用，只不過也有消費者抱怨太過複雜，使用起來有困難。爲什麼廠商不能生產比較便宜也比較簡單的機型，供這些消費者選購？

雖然錄影機的附加功能並不受某些顧客歡迎，但喜歡的人還是不少，所以廠商增加這些功能，主要是希望爭取後一類消費者。由於添加新功能的成本大都屬於固定的研發成本，分攤到每台錄影機上的邊際成本往往很低。

當然，廠商也可提供數十種功能多寡各異的機型，以配合消費者不同的需求，可是經銷商通常沒興趣囤積這麼多存貨。更何況生產最陽春機型的邊際成本，也不會比最先進機型低多少，所以就算消費者購買最簡單的機型，也省不了多少錢。因此廠商對大部分生產的錄影機寧願全都配備先進功能。

渴望較簡單機型的消費者，大概只能寄望哪天廠商能附加另一項新功能——一個按鍵即可去除或至少隱藏所有多餘的功能。

## 55 爲什麼廉價航空公司對機上餐飲收費（一般航空公司則免費），而高價旅館卻對網路使用收費（經濟型旅館反而經常免費提供）？

過去幾乎所有航空公司都提供免費的機上餐飲，可是現在搭乘聯合（United Airlines）或美國航空（American Airlines）的乘客，如果沒有自備食物，就得掏腰包購買機上的餐盒，只有像新加坡航空（Singapore Airlines）這類較貴的班機才會提供免費餐飲。相反地，四季（Four Seasons）等豪華旅館往往對房間內上網收取每天十美元或更高的費用，但經濟型旅館卻往往提供免費上網。爲什麼會有這種差別？

在完全競爭市場，根據桌上無現金原則，想得到額外服務的消費者通常得支付額外的金錢。因爲如果有業者號稱「免費」提供某項服務，但實際卻將價格隱藏於基本產品的價格中，競爭對手大可以較低價格出售基本產品，而對額外服務另行收費，以吸引不需要這種額外服務的消費者。

當然，眞實世界並沒有完全競爭的市場，不過廉價航空市場比高價航空更接近完全競爭，因爲後者家數較少，提供的是更專門的服務。同樣地，經濟旅館的房間也比豪華旅館更接近完全競爭。由這種狀況似乎可以預測，廉價航空與經濟旅館比較可能對額外服務分別收費。桌上無現金理論可以解釋，爲什麼廉價航空對餐飲收費，而高價航空卻反映在票價中；也可以解釋爲什麼過去大多數航空公司都提供免費餐飲，因爲一直到最近，空中飛行才不再算奢侈性消費市場。可是旅館提供上網服務的情況，乍看之下，似乎就不符合桌上無現金的原則。

一個合理的推測是，兩項服務的成本結構不同：機上餐飲的成本大致與供應數量成正比，但上網的成本大部分是固定的，只要旅館裝置無線上網系統，那麼多一位房客使用的邊際成本幾乎是零。

根據桌上無現金原則，愈接近完全競爭的市場，價格就愈趨近邊際成本，因此如果經濟旅館眞的比豪華旅館競爭性高，自然比較可能把上網費用包括在房價內。只不過提供這項服務的邊際成本近乎零，就算有些經濟旅館想收費，也一定會有對手以免費上網爲號召，吸引對價格敏感的客人，從而迫使同業也仿效。至於機上供餐，由於每份餐點邊際成本爲正，所以廉價航空並不會面臨類似的壓力。

至於豪華旅館對上網額外收費，則是因爲客戶群不是有錢人就是報公帳出差者，對價格並不在意。只不過，要是有夠多的客人對此感到不滿，那麼在上網服務幾乎沒有額外成本下，有些業者可能會開始免費提供。一旦這種情況出現，其他豪華旅館勢必也得跟進。

下面兩個例子中，賣方明明有力量收取較高價格或違約罰金，但卻基於策略考量而不這麼做。

## 56 爲什麼許多遊樂園裡一些最受歡迎的設施大排長龍，園方卻不另行收費？

二〇〇六年一月一日，位於佛羅里達奧蘭多的迪士尼世界，兒童一日劵爲五十五·一六美元，可無限暢遊園內所有設施。不過「無限」暢遊其實並非毫無限制：小朋友當然愛玩什麼就可以去玩，只不過經常得忍受大排長龍。就以人氣最高的太空山來說，尖峰時刻可能得等上一個多鐘頭。迪士尼何不對這些最受歡迎的設施額外收費？

排隊人潮本身不見得就代表賣方把現金留在桌上。例如某家餐廳每晚用餐的人數會有相當的波動，因此很難設定一個價格，恰好可以滿座，又不致讓客人要等待。不過經濟學家比較關切的是持續性而且一定出現的排隊人潮，類似迪士尼世界的情況。

有個可能的解釋是，付錢玩迪士尼世界的是父母，而不是兒童。要是太空山額外收取十美元，讓排隊人潮消失，將會有怎樣的後果？小孩子還是想去玩，而且現在又不用排隊，但大多數家長卻一再回絕。你能想像全家人離開遊樂園時，帶走的是怎樣的回憶嗎？

迪士尼採行單一票價，並利用排隊的人龍管控最熱門設施的人潮，其實應該算是最合理的折衷之道。

## 57 爲什麼租車公司對最後一刻取消預約的客人不收罰金，但旅館和航空公司卻收取高額違約金？

如果你買了張表演票券，可是因爲塞車而無法及時趕到，也不能辦理退款。有些機票的情況也一樣，如果趕不上飛機，機票等於作廢，或至少也會被航空公司收取高額的取消費。同樣的，如果你訂好的旅館到當天下午六點才臨時取消，通常也得付費。不過租車公司的作法卻完全不同，不但預約時毋須提供信用卡號碼，就算你到時不出現，也沒有什麼罰款。爲什麼會有這樣的差別？

租車公司和所有業者一樣，都希望讓客戶覺得滿意。沒有客戶樂意付違約金，所以不收取這種費用的租車公司自然比收取的業者占有競爭優勢。航空公司與旅館業者當然也有相同的考量，但是如果允許客人在最後一刻取消預約而不收罰金，付出的代價相當高，航班會多出不少空位，而旅館也會增加一些空房。面臨這種狀況時，就勢必得調高價格才不致出現虧損。

原則上，租車公司也面臨同樣的壓力，爲什麼卻不收取違約金？箇中原因可能在於租車交易通常發生在客戶搭機抵達之後，前往旅館之前，由於航空公司與旅館對臨時取消預約收取高額罰金，所以客人即通常會按預訂時間取車，租車公司也就不必以罰金來約束。也就是說，航空公司與旅館的預約取消機制也確保臨時不來取車的客人爲數有限，因此租車公司也就不必祭出罰金，得罪這少數無法準時出現的客人。

# 5 軍備競賽與集體的悲劇

## 「看不見的手」效應

亞當·斯密所提出的「看不見的手」，可算經濟學最著名的觀念。斯密率先清楚看到，每個人在市場上只追求一己之利，往往卻能促成所有人最大的利益。舉例來說，廠商採行節省成本的創新方法，爲的是賺取更高利潤，結果競爭者起而效尤，最終讓消費者獲益，享受更低的價格。

今天許多經濟學家津津樂道「看不見的手」，但斯密和他們不同，他並不抱持虛幻的想法，認爲毫無約束的競爭**一定**能替所有人帶來最大的利益。例如他在《國富論》一書中，對企業主自利行爲造成的後果，就持較保留的語氣：「在追求自身利益時，他對促進社會利益所發揮的作用，**經常**比有心爲之更見成效。」

率先指出個人與團體利益之間深刻而廣泛衝突者，是演化生物學創始人查爾斯・達爾文（Charles Darwin）──他深受亞當・斯密、湯瑪斯・馬爾薩斯（Thomas Malthus）等經濟學者著作的影響。根據達爾文的中心思想，在物競天擇作用下，有利個體繁衍後代的特質與行爲會占上風。至於對整個物種是否也具有正面意義，則通常不是重點所在。某些特性，如智慧，不但有利個體在生殖競爭中勝出，對整個物種也有正面作用。可是另一些特性只能滿足個別利益，卻有害整個群體。公麋鹿誇張的大角顯然屬於後者。

與海象這類一夫多妻動物相同，公麋鹿會爲爭奪母鹿大打出手，而鹿角正是牠們主要的武器，角愈大就愈占上風。因此大角的公麋鹿奪得較多配偶，基因留傳後代的機率自然也提高。這場殘酷的演化「軍備競賽」中，大角成爲決勝的焦點。

雖然大角有助於贏得配偶，但也讓公麋鹿不易在茂密的森林中擺脫野狼與其他掠食者。因此如果每隻公麋鹿的角都縮小一半，對整個族群的生存會更加有利。爭奪配偶的關鍵在於雙方鹿角的相對大小，因此所有公麋鹿的角比例縮小，並不至於影響爭鬥結果，但逃脫掠食者的機會可提高。

天擇是問題的根源，但卻無法成爲問題的解答。如果某一隻公麋鹿因突變而角特別

**公麋鹿的大角**：有利小我、不利大我

小，固然容易躲過掠食者，但卻無力贏得許多配偶，因此牠的基因也就不能廣泛傳至下一代，但這偏偏是達爾文理論架構中唯一值得重視的要項。

過大的鹿角算得上是一種「有利小我、不利大我」的特性，其實日常生活中處處可見這樣的例子。根據成本—效益原則，如果個人的利益大於成本，個人就會採取行動。如果這項行動的效益與成本全都直接歸屬決策者本身，就形成斯密的「看不見的手」。只不過，許多個別行動卻導致波及他人的效益與成本。

舉例來說，一些觀眾爲了看得更清楚而站起來，就會擋住後面觀眾的視線。同

配偶之爭：贏家通吃的終極競賽

樣地，更多漁船到某一海域作業，勢將減少原有漁船的漁獲量。在些案例中，看不見的手往往無法發揮作用。如果所有人都站起來，就沒有人看得比大家全都繼續坐著時更清楚。如果漁民只考量自己時間與其他費用，只要他的機會成本低於出海捕魚能得到的效益，他就會持續捕魚行動，最終結果是捕撈過度，造成「集體的悲劇」。①

我們由本章的案例會發現，個人與社會利益的分歧，可以解釋不少有意思的問題。

## 58 爲什麼醫師經常濫用抗生素?

一聽到患者提到耳朵或呼吸道有輕微感染，許多醫師就會開立抗生素處方。如果感染由細菌而非病毒引起，抗生素治療應可加速痊癒。不過患者每次服用抗生素時，都得冒一點風險，那就是可能導致抗藥性細菌出現。因此醫療主管機構呼籲醫師，只有感染嚴重時才使用抗生素。可是爲什麼還有許多醫師仍對輕微感染開立抗生素？

絕大多數醫師都清楚，廣泛使用抗生素很快就會造成抗藥性。一九四七年，就在盤尼西林普遍應用不過短短四年時間，就出現對其有抗藥性的金黃葡萄球菌。大多數醫師也了解，抗藥性的細菌的後果極爲嚴重。就在金黃葡萄球菌出現後，醫師開始採用另一種抗生素——甲氧苯青黴素，不過也僅短期奏效。一九六一年，對甲氧苯青黴素具抗藥性的細菌ＭＲＳＡ首度在英國發現，目前已遍及全球各地的醫院。一九九九年英國血液中毒致死病例中，三十七％係由ＭＲＳＡ感染造成，而一九九一年時，這一比例還僅有四％。

和海洋濫捕一樣，濫用抗生素也是一種集體的悲劇。②個別漁民捕撈的漁獲不致危害魚群總數，而單一的抗生素處方也不可能導致致命的抗藥細菌，可是每次以抗生素治療時，總會有些細菌成爲漏網之魚。一群細菌的細胞構造各有不同，能在某次抗生素治療中存活者，顯然基因構造比較不易被抗生素摧毀。這些倖存細菌的基因在一段時間後可能進一步突變，日後即使面對更高劑量的抗生素，反而發展出更頑強的抗藥性。

醫師面對兩難的抉擇，因爲患者會要求開立抗生素，以求病情迅速好轉。有些醫師在症狀輕微時會拒絕，但有些卻讓步，認爲反正不照辦，患者也會另找肯配合的醫師。根據美國疾病管制中心的估計，每年高達一億五千萬筆抗生素處方中，約有三分之一沒有必要。

知道單一的處方不致引發抗藥性，或許也助長醫師向患者的要求屈服。不幸的是，這些單一決策加總起來的結果，幾乎註定導致更頑強的抗藥性。

## 59 爲什麼女性願意忍受穿高跟鞋的不舒服？

穿高跟鞋並不舒服，走路也不方便，長期下來更可能傷害腿、膝蓋與背部。那麼女性爲何照穿不誤？

最簡單的答案就是，穿高跟鞋的女性比較容易吸引欣賞的眼光。珍・奧斯汀（Jane Austen）在《理性與感性》（*Sense and Sensibility*）中描述女主角伊蓮娜・達許伍（Elinor Dashwood）：「膚色細緻、五官端正，而且……體態相當優美。」不過對伊蓮娜妹妹瑪莉

**約會和運動比賽一樣，高個子經常占優勢。**

安的形容則是：「更漂亮。她的體型雖然不像姐姐那樣占了個子高的優勢，但卻更為動人。」

③高跟鞋除了能讓女性變高，也會使背部前拱，讓胸部前推、臀部後翹，更加凸顯女性的身材。流行時尚歷史學者卡洛琳·考克斯（Caroline Cox）說：「男性喜歡誇張的女性體態。」

④

問題是，如果所有

女人都穿高跟鞋，這項優勢就不復存在，因爲高度畢竟是一種相對現象。比別人高出幾公分或許是優點，至少也不要比別人矮幾公分。只不過人人都穿高跟鞋，都比原先高上幾公分，相對高度的分配不會有什麼改變，和大家都穿平底鞋時沒兩樣。如果女性能集體決議穿什麼鞋子，或許大家就可把高跟鞋扔到一邊。只不過只要一有人違背決議，穿上高跟鞋，就會立刻變成注目的焦點，因此這種協定可能很難維持下去。

## 60 爲什麼許多超市，即使開設在小城市，也要二十四小時營業？

紐約州北部的綺色佳是個人口三萬的小城，卻有五家通宵營業的超市。清晨四點上門的顧客，通常看不到其他顧客。雖說通宵營業的成本不算高，但也絕非微不足道。要是午夜十二點到早上六點不營業，至少可以省下不少空調和照明的費用，何況夜班收銀、倉儲與保全人員還得付薪資加給。增加的種種成本，幾乎一定超過相對清淡的收入，那麼這些商店爲什麼願意通宵營業？

消費者上哪家超市購買日用雜貨，考量的因素不外價格、商品種類、地點與營業時間等。大多數消費者都會綜合這些相關因素，選擇最適合的一家，以後多半就固定在此採購，因為一旦熟悉商品的陳列方式，大概就懶得再花時間在另外一家摸索。因此店方莫不使出渾身解數，爭取成為最多顧客的首選。

各家超市價格與商品種類通常大同小異，因此其他因素的差異，可能就成為部分顧客選擇的關鍵。距離太遠當然不利，不過在小城鎮之中，只要自己開車，地點因素就不成問題。假設原先所有超市晚上十一點到早上七點都不營業，但有一家店決定延後一小時到午夜十二點才關門，因而在營業時間上變成最方便。就算消費者只是偶爾才在深夜十一點到十二點上超市，但滿足這樣的需求還是有正面效果。即便延長的一個鐘頭內眞正上門的客人有限，但這種便利性確實有加分效果，吸引更多人選擇這家店作為主要的採購點。

競爭對手當然不願坐視老顧客給搶走，所以也會跟進延長營業時間。有些店家乾脆更進一步，延至凌晨一點才關門。就算店內通常空蕩無人，但只要夜間多營業一個鐘頭的成本不算太高，那麼大家競相延長營業時間的結果，就是大多數店家變成通宵營業。綺色佳的情形正是如此。

如果綺色佳大多數超市都二十四小時開門，那麼對新搬來此地的人來說，營業時間就不會是選擇時須考量的因素，店家必須在其他層面一較高下。或許某家烘焙食品最美味，另一家則以異國食材豐富取勝。不過似乎還沒有任何一家打算停止通宵營業的作法。

當然，綺色佳的超市並非一開始就是二十四小時營業，而美國有些規模類似的城市也沒有通宵營業的超市。因此上面描述的競爭機制，雖然能相當合理地解釋綺色佳的超市爲何二十四小時營業，但對這項發展的時機與地域分分趨勢，顯然仍有待進一步的研究。

## 61 爲什麼商店九月就開始布置耶誕節裝飾?

雖然耶誕商品採購季要到感恩節之後的週五才算「正式」展開，但有些店家早在九月就迫不及待地布置耶誕樹和相關裝飾。這樣做要付出機會成本，因爲貨架提早陳列耶誕商品，就得犧牲其他商品的展示空間。然而消費者花多少錢購買耶誕商品，其實與展示期間長短沒什麼關聯，爲何店家要那麼早就把這些商品擺出來?

耶誕新年假期約占零售業者年度業績的四成，年度利潤的六十五%。如果大多數商店都到感恩節之後的週五才布置耶誕節裝飾，那麼早一步行動的店家——例如搶在感恩節之前的週五就開始——可以獲利。雖然總體銷售額不會增加，但卻可以搶走其他業者的生意。

爲了自我防衛，其他店家也會提早行動，結果大家時間愈提愈早。由於近年來零售市場競爭日趨白熱化，不少耶誕商品也就提早到九月一日勞動節一過就上架。

這樣發展下去的結果，未來是否可能變成整年都看得到耶誕商品展示呢——就像前面二十四小時超市的例子？應該不太可能，因爲超市通宵營業的成本不高，但是耶誕商品全年放在貨架上，必然占用其他商品的展示空間，到達某一程度機會成本會過高。要是商家有限的貨架空間除了耶誕商品外，沒有其他獲利更高的用途，大概也很難長期存活下來。

## 62　爲什麼公園裡櫻桃樹的果實總是太早就給摘光？

櫻桃和其他水果一樣，須經歷自然熟成的階段。在開始階段口味青澀無法入口，等到日漸成熟，糖分慢慢增加，滋味也愈來愈好。專業櫻桃種植者會挑選最適時點採收，好讓上市銷售時接近成熟的高峰。不過長在公園裡的櫻桃，一到稍可入口就給採摘一空。

為什麼大家不讓櫻桃在樹上多待一段時間，等滋味較好時再摘下？

專業櫻桃種植者在私有土地上耕作，外人盜採就觸法。為賣到較好的價錢，種植者不會過早採收，因為消費者喜歡吃成熟的櫻桃。

可是公園的櫻桃人人可以自由摘取，所以情況大大不同。雖然整體而言，等成熟時再摘比較有利，但問題是到時枝頭早已空無一物。

公園的櫻桃一到稍可入口就有人動手，因為雖然不算可口，但也聊勝於無。否則再等下去，你又無法阻止別人先下手為強，還是吃不到成熟的果實。

## 63 為什麼平均分攤費用，常會使人增加餐廳消費？

朋友聚餐時經常平均分攤，而不按每人點餐的價格分別付帳。這樣做可以省掉逐一算帳的麻煩，不過也有許多人覺得不可取，因為如果你點的餐價錢比較便宜，付出的成本會超過實際的享受。但除此之外，平均分攤還有另一項副作用：容易讓大家的花費超過各自付帳時的水準。為什麼平均分攤會導致這種後果？

假設十位朋友事先同意平均分攤用餐費用，而其中一位想點的是牛肋排。這家餐廳的牛肋排有兩種分量，一般的價格爲二十美元，特大爲三十美元。假設這位顧客享用特大牛肋排的額外效益值五美元，如果他獨自用餐，就會點一般分量，因爲特大分量只增加五美元效益，不值得他多付出十美元。可是如果大家平均分攤，他點特大分量就只多負擔一美元（增加的十美元每人分擔一美元），相較於五美元的額外效益，當然選擇特大分量比較划得來。

在經濟學者眼中，這是沒有效率的決策，因爲個人固然享用較多分量而獲得四美元的淨效益，但其他人卻總共要多付出九美元的成本。

雖然平均分攤既不公平也沒效率，但這種作法卻不太可能消失，畢竟每個人多分擔的成本通常不致太高，但算帳起來卻方便得多。

## 64 爲什麼高速公路北上車道發生車禍，分隔島對面的南下車道也會塞車？

高速公路北向車道發生車禍時，北向車道塞車是理所當然，因爲受損車輛、救護車和警車待在現場，往往讓交通打結好幾個小時。可是爲什麼南下車流也會出現壅塞？

南下駕駛人接近事故現場時，會簡單盤算一下成本與效益。如果減速瞄一下對向車

看熱鬧者的好奇心：塞車划得來嗎？

道狀況，大概得耽擱幾秒鐘，卻可以滿足自己的好奇心。因此對大多數駕駛人而言，這一舉動的效益應該超過成本。⑤只是他們大都沒想到，自己耽擱幾秒鐘，同時也會讓後面幾百甚至幾千輛車子也全都耽擱幾秒鐘。因此個別駕駛人滿足好奇心的舉動，累積下來可能導致所有車輛都耽擱一小時以上。

大多數駕駛人當然不願意爲了看熱鬧而忍受塞車一個鐘頭，如果可以就此事進行集體表決，大家一定會決議不放慢車速。但在現實環境中，駕駛人是開到接近事故現場時才個別決定自己的行動。既然已經爲好奇心付出代價，忍受了塞車之苦，大多數人此時都會選擇減速觀看一下。

本章最後幾個例子顯示，與團體利益不一致時，個人可能會採取各種方式以求協調。

**65 爲何曲棍球球員一致通過強制戴護盔的規定，但私下場合滑冰時卻幾乎從不戴護盔？**

如果選手不戴護盔，視覺與聽覺都比較靈敏，也更能有效阻礙對手，這些都有助於球隊贏球，但代價是比較容易受傷。如果選手把球隊贏球看得比保障自身安全更重要，就不會戴護盔。只不過如果每位選手都不戴護盔，相對競爭態勢等於回到原點，和大家都戴護盔沒什麼差別——只是大家面對的風險都提高，卻沒人得到好處。因此到頭來還是強制規定戴護盔比較好。⑥

## 66 爲什麼許多學校規定學生穿制服？

許多人認爲穿自己喜歡的衣服是一種基本權利，可是等到自己有了學齡子女，卻贊成學校規定穿制服。爲什麼學校會有這種規定，而家長也支持呢？

如果學生可以自由選擇，就必須考量自己的衣著會向別人傳達怎樣的訊息。例如想表現自己很勇敢，就可能打扮大膽；而想突出自己的成功與支配力，就會選擇顯眼的高檔服裝。只不過不管大膽或高檔，都是相對的概念，一旦許多學生都開始穿這類服裝，大膽或高檔的定義也會隨著改變。於是和麋鹿的角一樣，一場昂貴的軍備競賽可能就此展開。

要求穿制服的主要缺點，就是限制學生自我表現的機會，但好處是可以減少服裝軍備競賽所消耗的金錢與情緒上的成本。

## 67 爲什麼許多高中都取消指派一位畢業生代表致答辭的慣例？

高中畢業典禮上，幾乎都會由一位畢業生代表——通常是成績最優秀的學生——致答辭。不過最近幾年，許多高中已經取消這項行之有年的作法，這是爲什麼呢？

申請進入頂尖名校的競爭日趨激烈，以紐約大學爲例，平均每十四位申請者只有一位可獲得入學許可。在這種氛圍下，高中生的壓力更爲沉重，必須想盡辦法讓自己學業表現突出。由於當選致答辭畢業生代表是極其難得的殊榮，因此競爭程度也日趨白熱化。許多學校主管發現，不少優秀學生因爲太看重這一頭銜，極力爭取各科最高分，不惜犧牲其他層面的校園生活。他們因而斷然決定取消指派致答辭的畢業生代表，以期遏止爭取特定殊榮的昂貴軍備競賽。

## 68 爲什麼官僚喜歡使用迂迴難解的用語？

前康乃爾大學經濟學教授亞弗列德·康恩（Alfred Kahn）一九七七年受卡特（Jimmy Carter）總統之邀，擔任民航委員會（Civil Aeronautics Board，簡稱ＣＡＢ）主席。這一聯邦機構負責管制民航業的費率與路線，目前已裁撤。康恩接下的任務是開放民航業，並終結ＣＡＢ。他到華府上任時，赫然發現ＣＡＢ法務人員所發布的管制命令，大都讓人難以卒讀。下面就是一段典型的例子：

［CAB憑證］持有者在憑證到期前，可繼續經由持有者以往規律地使用以服務這些地點之機場，以規律地服務於此列出之任何地點。爲符合委員會所規定之相關程序，持有者可在前此明確規定之服務以外，規律地透過任何方便的機場以服務在此列出的地點。

康恩發給法務人員的第一件公文，就明白宣稱，往後任何不用簡單英文寫的文件，他一律退回。他還告訴這些人：「把你們的文件念給配偶或小孩聽，如果他們發笑，你就得重寫。」可是這些人爲什麼要把文件弄得這麼難懂呢？

管制者的任務就是規範人，因此得經常告訴別人不能去做他們想做的事。可想而知，在這種不討好差事上，官僚都希望盡量壓縮自己的角色。例如管制人員不會這樣說：「我禁止聯合航空飛行聖地牙哥與聖安東尼奧之間。」他們覺得下面這樣的語氣比較妥當：「茲已決定聯合航空繼續提供聖地牙哥與聖安東尼奧之間空中交通服務不符公共利益。」

康恩的指示廣受報導，全球各地主張語言應該淸楚者也一致喝采。自此之後，CAB的文件很快變得較爲簡明扼要。

這種新的溝通模式能持續下去嗎？由於當年CAB的法務人員早已風流雲散，誰也不可能弄清楚。不過要說政府官僚能長期安於簡單明瞭語言模式，我們可大有理由懷疑。因爲一旦這樣的語言成爲常態，那麼只要有任何一名官僚採用略帶含糊的字眼，就可占到便宜，減輕自己應負的責任。如果做得太過明顯或許會遭受處分，但稍稍變動卻不致引人注意。只不過其他官僚也紛紛往這方面改變時，含糊的標準也會跟著改變。我們不難預測，這樣一步一步發展下去，最後的結果是迂迴難解的用語再度流行，一直要等到出現另一位領導者強烈要求，才會再出現改變。

# 6 所有權的迷思

## 誰才是主人？

在西方現代化工業國家成長的人，總會理所當然地認為，只要擁有某樣東西，你就可以隨心所欲處理它。這種觀念在合理的範圍內是可以成立的，例如你有輛腳踏車，你愛什麼時候騎就什麼時候騎，你可以不讓別人騎，也可以決定要賣給誰。

十八世紀晚期迄今，美國等多數工業國家的生活水準已提升四十倍以上，界定清楚且有效執行的財產權厥功甚偉。相較之下，欠缺這種制度的社會通常很難富裕起來。如果財產無法建立清楚的法定主權，會讓人不願投資可創造新財富的資本設備。

不過財產權雖然效益很大，也有其成本。①財產權的界定與執行須耗用資源，有時可能還超過相關利益。而且進一步檢討下來，也會發現所有權的觀念仍有頗多可議之處。

下面幾個例子就直接探索我們對所有權理解的局限。

## 69 爲什麼小島上的屋主不許陌生人使用私人碼頭，有時是違法行爲？

一九〇四年十一月十三日，普魯夫（Ploof）一家人航行於香普連湖（Lake Champlain）時遇上暴風雨，他們把船停泊到一個私人碼頭。這個碼頭的所有人是住在湖中小島的普特南（Putnam），而他居然命令僕人通知普魯夫一家人把船駛離。結果不久後船在風雨之中翻覆，好幾人不幸受傷，幸好都保全性命。後來普魯夫一家對普特南提出訴訟，並由佛蒙特的法院於一九〇八年判決勝訴。②爲什麼普特南不允許普魯夫使用自己的碼頭不合法？

私有財產法規賦與所有權人相當、但非絕對權力，可決定如何使用自己的財產。佛蒙特法院認定，拒絕普魯夫一家避難的成本，高於普特南就其碼頭行使完整控制權可能帶來的效益。

## 70 為何水邊住宅往往不適用禁止穿越的法規？

城市居民依法不得為節省時間而逕自穿越別人的住宅，必須規規矩矩地走人行道和其他公共通道。可是湖濱與海濱的住宅往往適用不同的規定。例如，某位臨湖而居的人想拜訪間隔兩幢住宅的鄰居，就可逕行穿越隔壁兩位鄰居的財產，而不必徵求他們的同意。為什麼會有這種差異？

和其他法規一樣，禁止穿越的規定也有相關的成本與效益。住宅所有人通常很重視隱私與安全，禁止他人穿越旨在保障這些權益。可是這樣一來，就讓其他人無法選擇最便捷的途徑到達目的地。在不同情境下，相關的成本與效益也各不相同。

假設圖中城裡A宅的所有者打算拜訪D宅的友人。直接穿越B宅與C宅的庭院是最快的捷徑，如果不能這麼做，就得多繞一點路，不過因為公有道路四通八達，距離並不算遠。在這種狀況下，個人隱私的價值高於抄捷徑的價值。

可是換一個場景，如果這些住宅是在圖下方的臨湖部分，這時住在A宅的人想拜訪D宅友人時，如果穿越B宅與C宅，只有短短一段路。可是如果必須走公共道路，可能就得開車繞過陡峭的山路，上到公路開一段，再下來繞另一段山路，才能到達目的地。

在城市地區(左上方)穿越別家庭院的好處不如水邊住宅(右下方)。

由於這種交通成本過高，所以水濱住宅不適用禁止穿越法規自屬合理。

不過這個理由無法解釋所有狀況，因爲只要是水濱住宅，即使公有道路就在附近，依然不適用禁止穿越的法規，而陸上住宅即使須多繞很遠的路，也無法豁免。這或許是因爲長期以來水域一直被視爲對所有人開放的公共財，如果無法讓人容易親近，這種開放性也就沒有什麼意義。過去捕魚爲生者較多時，親近水域的權利還攸關生計。目前在緬因州一帶，如果新搬來的人限制外人使用自己的私人海岸，往往還會引起在地人的反彈。

## 71 爲什麼過去居住在美國西北部太平洋海岸的原住民會界定並施行私有產權，而居住於中西部大平原的原住民卻沒有這樣做？

對過去居住於中西部大平原的美國原住民來說，最重要的經濟資源就是這片區域內成群的野牛。大批牛隻在方圓幾百平方英里的範圍內移動，想確保野牛草場的私有產權，就得在廣闊無邊的草地上築起幾千哩的圍籬。由於每年獵捕的牛隻只占龐大牛群的極小部分，因此爲施行私有產權而耗費鉅資築籬並不划算。

反之，以往居住西北海岸的美國原住民主要以誘捕小動物取得皮毛與肉食維生。這些動物通常只在很小區域內活動，因此對住在這裡的原住民家庭而言，確認土地產權也就賦與他們捕獵這片土地上動物的權利。因此從成本—效益原則著眼，可以相當精簡地解釋爲何這兩個不同原住民族群會遵循如此不同的產權制。③

## 72 爲什麼法律允許非法占用土地十年以上者取得所有權？

根據紐約州的法律，持續十年以上占用同一土地者，儘管過去買主另有其人，仍可主張對這一土地的所有權。爲何法律要保障違法的人？

這一類型的法律被統稱之爲僭據人（squatter）權利或時效取得制，其實是基於一個簡單的經濟考量——允許有價值的土地閒置，不符社會的利益。④一些開發潛力雄厚的土地，所有人卻不見蹤影，又沒有法定繼承人，還有些所有人則對名下的土地長期不聞不問。透過僭據權的規定，可以促使所有人善用自己的土地或乾脆賣掉。不當占有的法定等待期長達十年，對合法所有人權益的侵害應降至最低。畢竟，這麼長的期間都毫不受理會的財產，對所有人而言想必沒什麼經濟價值可言。

產權制實際遭遇到的困難，有助於我們了解爲何某些案例在資源管理上比較有效率，有些則否。

## 73 爲什麼鯨有滅絕之虞，而雞則沒有？

每年環保人士都會在街頭示威，譴責危及大型哺乳動物生存的獵捕行爲。但就我所知，似乎沒有任何示威呼籲大家要保護雞。爲什麼？

最簡單的答案是，雞從來就不是瀕臨滅絕動物。但我們會接著問，爲什麼有的物種可能滅絕，而有的則不會？

鯨數量一直在減少，就是因爲牠們不屬於任何人。鯨在國際海域巡游，而好幾個國家拒絕遵守相關的保護公約。

日本與挪威的捕鯨人都很清楚，他們目前的作法將危及鯨的存續，也影響自己的生計。可是他們也知道，你不捕自會有別人捕走。因此對捕鯨人而言，自我設限沒有好處。

反之，雞隻絕大

鯨魚與水牛：有共通點嗎？

多數都有飼主。你今天殺一隻雞，明天你的雞就少一隻。如果靠養雞為生，就一定會留意該送幾隻到市場賣，又該購入多少雛雞，以求取最佳的平衡。

雞和鯨都有經濟價值，但雞有主人，而鯨魚沒有，這就是為何前者不虞滅絕，而後者卻瀕臨生存危機。

## 74 為什麼地中海的污染問題比美國的大鹽湖嚴重？

許多瀕臨地中海的國家都把未經處理的污水和一堆污染物直接排入，而對比之下，猶他州的大鹽湖幾乎沒有什麼污染。為什麼會有這種差異？

有人或許認為，這是由於住在大鹽湖附近的摩門教信徒比較尊重自然，和地中海沿岸各國世俗性濃厚的文化不同。這或許有些道理，不過更符合經濟學理論的解釋是，大鹽湖隸屬單一政治轄區（猶他州），而地中海周邊卻有超過二十個國家。如果猶他州法令禁止傾倒有毒物質到湖中，這些法令的成本會完全由州內居民承擔，但他們同時也享受到百分之百的相關好處。反之，如果某個瀕臨地中海國家片面施行這樣的禁令，那麼該國人民就得承受全部的成本，但卻只能享受小部分的好處，大部分好處都便宜了其他各國。這種成本與效益的不一致，使得地中海沿岸各國都採取觀望態度，等待其他國家先行動。

## 75 爲何蘇聯的解體爲裡海魚子醬敲起喪鐘？

在全球美食家心目中，裡海魚子醬堪稱人間極品，而其中最珍稀者是來自貝魯佳（Beluga）的鱘魚。這種魚可長大到三十呎長，重一千八百磅，壽命長達百年。[5]貝魯佳魚子醬向來昂貴，但不至於買不到。不過一九八九年蘇聯解體之後，貝魯佳魚子醬的供應量直線下滑，價格則直線飆高。這是怎麼回事？

環繞裡海周圍的是伊朗與前蘇聯獨立出來的四個國家：俄羅斯、土庫曼、哈薩克、亞塞拜然。一九八九年之前，高度集權的伊朗以及蘇聯中央政府嚴格管制裡海的商業活動，禁止捕撈太小的鱘魚，因而制止了前一章談過的集體的悲劇。但蘇聯瓦解導致嚴格的管制無法維持下去，漁民知道原本的約束已不存在，如果放走小魚不捕，也只會落到別人的網裡。

俄羅斯與伊朗目前已開始就裡海的污染防制與濫捕問題進行合作，只不過出現具體成效前，貝魯佳魚子醬的買家可能還得繼續支付一盎斯一百六十美元以上的天價。

法律不僅攸關所有者對自己財產有什麼權利，也會影響社會機構的演變。爲何有些機構採民營的營利性公司組織，有些機構則爲非營利性，還有的則是公家出資，其實背後也與法律的規定有關。

## 76 爲何美國頂尖大學都不是營利性質？

美國數百所排名最前的大學，沒有一家屬於營利機構。至於其他大多數高等教育機構，也都是非營利性質。至於鳳凰城大學（University of Phoenix）等營利機構則是著名的例外，專門致力於職業教育，而不以學術成就爲目標。爲什麼高等教育機構都是非營利性？

美國頂尖大學通常只有三分之一不到的經費是靠學費收入支應，其餘大部分仰賴捐贈——校友的現金捐贈或是基金孳息（這些基金大半由健在或已故世校友捐款設立）。如果營利組織的大學很難獲得校友捐贈，那麼非營利的大學顯然在這方面具有優勢。

即使沒有爭取捐款的考量，非營利機構還是比較占優勢。我們合理地假設，教學品質與花在每位學生身上的經費成正比，而兩所大學——一所爲非營利，一所爲營利——一開始都沒有捐贈收入。假設營利大學向每位學生收二萬美元學費，也全部花到學生身上，也就是利潤爲零——只能維持運作。非營利大學的學費爲一萬八千美元，也爲每位學生花費兩萬美元，所以平均在每位學生身上須借款二千美元，但預計日後可以靠校友捐款償還。

由於兩校教學品質（以花在每位學生身上的經費代表）相同，學生不論繳兩萬美元學費進營利大學，還是以一萬八千美元的學費進非營利大學，日後再捐款兩千美元，總負擔沒什麼差別。不過假設學生日後所得稅的邊際稅率爲五十%，由於捐款可抵稅，因此捐四千元給非營利大學，等於實際只負擔兩千美元，與他多付兩千美元學費給營利大學相當。

一旦捐款開始湧入，非營利大學每收進一萬八千美元學費，即可支出兩萬兩千美元。而相較之下，營利大學每收進二萬美元學費，就只能支出兩萬美元。

總而言之，非營利大學較營利大學所占的優勢，在於部分收入來自可抵稅的捐款。

因此就算營利大學把收到的學費全用到學生身上，一文錢不賺，也還是難以競爭。

## 77 爲何有百事達（Blockbuster）影帶出租店，卻沒有百事達租書店？

如果一般人想看某部DVD，通常會到出租店租來看——不論是去百事達或是透過線上業者如 Netflix。至於租書店雖然偶爾可以看到，但普及性低得多。我們不是到書店買書，就是向圖書館無償借書。⑥爲什麼圖書出租不像DVD那麼普及？

部分的原因在於政府以稅收設置公共圖書館，符合經濟效益。根據成本－效益原則，閱讀或其他活動最符合社會效率的水準，乃是當邊際成本等於其個人與社會邊際效益之和。經濟學者認爲，閱讀除了讓個人受惠，也能共創書香社會，讓人人獲益。只不過個人決定選什麼書來讀時，主要是著眼於自己的利益，而不會想到對別人是否也有好處。因此由社會整體的成本－效益著眼，一般人閱讀的書爲數太少。爲了彌補這一缺憾，政府可以藉補貼方式，讓閱讀變得更有吸引力，設立公家圖書館就有這種效果。

當然，這種論點也適用於特定影片上。有人就認爲，像《不願面對的眞相》（*An Inconvenient Truth*）這類影片，具有提升公民環境認知的功效，有助於制定更能因應全球氣候變遷的公共政策。不過整體而言，影片所發揮的社教功能往往不及書本，所以比較不值得公家補貼。

租書業不普遍的另一個原因，是影片通常一兩個小時就看得完，但讀完一本書往往要幾天甚至幾星期。由於周轉期較長，所以租書店的收費和影帶出租店相比顯得偏高。不過就如前面導論提到婚紗的例子，租金再高也不能比買書貴，否則就不會有人去租。

我們在前一章看到，有益個人狹隘權益的行為，經常有損團體的權益。如果這種狀況發生在人類以外的動物上，通常無從補救。例如所有公麋鹿如果達成協議，全都把鹿角大小減半，對整個麋鹿群體的生存有利，可是牠們沒法這麼做。

人類的群體當然不同，如果個人與群體利益有衝突，可以想辦法化解。正如前一章的例子，冰上曲棍球員私下活動時，嫌戴頭盔麻煩，但他們還是透過聯盟決議，遵行戴頭盔的規定。下面一些例子也同樣是透過法律或規範，協助解決個人與團體利益的衝突。

## 78 爲何工人投票時會支持贊成工作場所安全法規的候選人，可是當自己找工作時，卻寧願選擇較不安全但待遇高的工作？

傳統的解釋是說，安全法規的制定是爲了防止握有市場力量的雇主剝削勞工。可是通常在最高度競爭的勞動市場，安全法規最嚴格。某項安全措施是否符合成本－效益原則，端視勞工是否願意支付相關的成本。如果安全措施符合成本－效益原則，但在競爭性市場中並未施行，就代表桌上有現金。舉例來說，如果某項安全措施的成本爲五十美元，但勞工願意爲這項額外保障支付一百美元，此時雇主如果不提供此項安全措施，就會讓對手有可乘之機。對手可以提供這項保障，但同時少支付，好比說，六十美元的薪資，就足以吸引勞工跳槽。這麼一來，勞工與新雇主均蒙其利。總之，如果勞工希望更多安全措施，也願意負擔相關的成本，那麼即使沒有強制的法規，雇主也會願意提供。這麼說來，爲什麼還需要法律加以規範？

由第五章曲棍球護盔的例子顯示，或許勞工認爲放棄一些工作安全上的選擇自由也不壞。和曲棍球一樣，生活中許多重要事項取決於你所處的相對位置。「好」學校就是個相對觀念，每位家長都希望子女能接受更好的教育，和運動員爭取競賽優勢類似，所以買房子時會就經濟能力所及，選擇最佳的學區。可是一旦每個家庭都有志一同，結果就只是炒高好學區的房價。無論如何，總還是有半數孩子念的是平均水準以下的學校。

危險的工作付的薪水高，是因爲雇主花在安全上的支出較少。工人願意從事這類工作，就能有較高收入，買得起較好學區的房子。就如同曲棍球員在沒有強制規定下，或許寧願不戴護盔爭取較好的表現，有的工人也可能會犧牲工作的安全性，以換得較高的工資，好讓小孩別上較差的學校。⑦在這兩種狀況下，以公權力施加必要的限制，可以防止競相走向損人不利己的死胡同。

## 79 爲何勞基法規定，超時工作就必須發給加班費，即使成年勞工同意接受較低水準的薪資也不行？

勞基法規定，勞工每週工作超過四十小時以上，雇主必須支付加班費。自由市場經濟學者往往不認同這種規定，因爲在沒有加班費的負擔下，雇主可能願意提供有意願的員工超時工作的機會。但考量加班費的負擔，大多數雇主只有偶爾碰到產量臨時短缺的情況，才會提供加班的機會。爲什麼法律要限制勞雇雙方議定對彼此都有利的合約？

政府之所以規定雇主必須支付超時工作的加班費，原因與工作場所安全法規的用意類似。如果少數員工爲了增加升遷機會而常加班，同事也會起而效尤，結果是每個人的機會其實和從前沒兩樣，但大家全得工作到晚上八、九點，才不致落在人後。⑧

即使不考量升遷因素，從群體觀點著眼，個人超時工作的利益往往也只是假象。例如，一位工人增加工作時間之後，買得起較佳學區的住宅；但如果人人如此，結果只是導致較佳學區的房價高漲。和前面一樣，還是有一半孩子必須念後段的學校。

亞當・斯密的看不見的手隱含一個前提，那就是個別的報酬取決於絕對的表現。但顯而易見的事實是，生活中很多事情的高下取決於相對的位置。

## 80 爲何馬德里年度時裝週禁用過瘦的模特兒？

二〇〇六年九月，馬德里年度時裝週的主辦單位 Pasarela Cibeles 與西班牙時裝設計師協會達成協議，禁止身體質量指數（BMI）低於十八的模特兒走秀⑨（五呎九吋高的模特兒，體重至少要一百二十五磅，BMI值才會達到十八）。馬德里時裝週主辦單位表示，希望這項活動反映的是「美與健康的形象」。不過消費者顯然覺得苗條的模特兒比

過瘦的模特兒：馬德里 Pasarela Cibeles 時裝秀下達禁令。

較美，否則設計師也不會聘請。因此爲何要禁止過瘦的模特兒？

不論設計師或一般大眾好像都認爲，衣服穿在苗條的模特兒身上顯得比較優雅。因此設計師如果聘用比較瘦的模特兒，可占有一定程度的競爭優勢。正因如此，其他設計師也必須起而跟進。在這種軍備競賽下，可能導致模特兒必須以危害健康的方式節食。最低BMI值的規定，用意應該在化解這種軍備競賽。

英國文化部長泰莎・喬威爾（Tessa Jowell）讚揚馬德里時裝週的規定，也敦促倫敦時裝週的主辦者比照辦理，因爲此舉的影響範圍會遠遠超越時裝業本身。她指出：「年輕女孩希望自己看起來像伸展台上走秀的模特兒。如果那些模特兒瘦到不健康的程度，女孩們也會不吃東西，希望自己變成那樣。」⑩

## 81 爲什麼美國多數州對上幼稚園的年齡有強制規定？

美國大多數地區法律都明文規定，兒童滿六歲才能進幼稚園。可是六歲兒童不論身高體重、智力發展，乃至情緒穩定度都有很大差異。爲何各州不聽由家長決定何時該送小孩上幼稚園？

假設大多數兒童都是六歲上幼稚園，但有對夫婦決定讓六歲的兒子再等一年，七歲時再進幼稚園。到時他和同班同學比起來，不但個頭和力氣比較大，在智力與成熟度也會勝過一籌。由於學校各方面的成績是以相對表現爲準，這個小孩的成績應該會比較優秀，在體育活動也比較可能有突出的表現，並且在學校組織裡居於領導地位。簡言之，他比較有機會踏上學業成功之途，未來順利進入理想的高等學府。

可是一個人超前，就等於其他人相對落後。家有六歲子女的家長會因此感受到壓力，也希望小孩延後一年入學。當然不論家長的企圖心再強，也不可能無限期延後，不過如果沒有強制規定，拖到八、九歲應該不無可能。可是由集體觀點而言，如果所有兒童都延後入學，並沒有什麼好處，因此大多數州還是不把決定權交到父母手中。

個人利益與集體利益不一致，並非政府訂定強制規範的唯一理由。就以安全這一領域而言，有不少人主張，個人往往缺乏必要的資訊或眼光，根本無從做出明智的抉擇。這種父權式規範經常引發爭議，不過如果事關兒童，往往就比較能獲得認同，因爲多數成人都同意，兒童本身沒有能力爲自身安全做出明智的抉擇。不過由以下幾個例子可以看出，成本—效益分析對相關管制措施的形態仍有舉足輕重的影響。

## 82 爲何汽車必須設置兒童安全座椅，飛機則不必？

依據政府規定，即使只是短短幾分鐘車程，兒童在汽車內都必須坐在合格的安全座椅上，並繫好安全帶。可是如果搭乘由紐約到洛杉磯的飛機，兩歲以下的幼兒可以抱在身上而不用繫安全帶。爲何會有這樣的差異呢？

有人認爲，這是因爲要是發生空難，不管是否繫安全帶，都是凶多吉少。這固然有

汽車使用兒童安全座椅的機會成本遠低於搭飛機。

些道理，可是飛機除了墜毀之外，還可能有其他飛安意外，像是嚴重的亂流，這時繫安全帶就可發揮保護作用。

更合理的解釋應該是，一旦已經買了兒童安全座椅，只要後座有足夠的空間放置，讓小孩坐安全座椅就沒有任何額外的成本。由於邊際成本爲零，而邊際效益則是小孩的安全更有保障，所以開車時讓小孩坐安全座椅完全合乎常理。可是如果你是由紐約飛往洛杉磯，要讓小孩坐安全座椅，就得花錢再買張機票，也許要一千美元左右（等用於週六留宿機票）。

如果說，家長是爲了省錢而不讓孩子享受更周全的保障，未免太傷感情，但基本的事實大致如此。因此他們會把小孩緊緊抱在膝上，祈禱一切平安，而不再額外花費一千美元。

## 83 爲何一般汽車依規定要裝設安全帶，而校車則否？

美國各州（除了強調「不自由毋寧死」的新罕布夏州）都立法規定，汽車駕駛與乘客應繫安全帶，但只有四州（紐約、紐澤西、佛羅里達與加州）要求所有新校車應裝設安全帶。爲什麼會有這種差別？

根據公路交通安全機構的統計，繫安全帶每年可挽救一萬兩千條性命。⑪以每年交通事故死亡超過四萬人而言，這是相當高的比率。交通事故死亡者十九歲以下占八分之一，也就是每年超過五千人。不過搭乘校車兒童的死亡率卻低得多，一九九〇至二〇〇二年平均每年爲十・二人。二〇〇二年一項研究發現，走路、騎自行車或搭私家車上學，風險遠高於搭乘校車。公路交通安全機構的人員形容，校車爲緊密區隔式座位，加上吸震的高靠背，「兒童坐在裡面就像裝在蛋盒裡的雞蛋，堪稱最安全的道路運輸工具。」⑫

據估計，一輛典型的校車要安裝安全帶，費用約爲一千八百美元。資料顯示，如果花費同等金額，改善校車停靠點附近行人穿越道的安全性，應該能挽救更多的生命。

## 84 爲何遊艇的防撞安全裝備比不上汽車？

根據美國的聯邦法規，目前大多數汽車都配備駕駛座與乘客座安全氣囊、三點安全帶以及吸震的設計，以降低高速撞擊的殺傷力。爲什麼遊艇沒有類似的安全法規？

幾乎所有遊艇使用者也同時駕駛汽車，不論就他們個人或管制單位的觀點，最適當的安全投資，乃是花在兩項交通工具安全設施上的最後一塊錢，增加存活的機率相等（假使某人同時擁有汽車與遊艇，而他花在汽車安全設施上的最後一塊錢所增加的生存機率，小於花在遊艇安全設施上的最後一塊錢。他可以少花一塊錢在汽車安全設施上，而多花一塊錢在遊艇安全設施上）。

基於種種原因，特定安全設施裝在車上所產生的效益往往比裝在船上高。最重要的是，一般車主每年駕車時數多達幾百小時，但遊艇主人，尤其位於北方氣候帶，每年花在船上的時間很少超過四十小時。不論待在車上或船上時間有多長，裝置安全設施的成本是固定的。因此各項安全設施裝在車上能挽救性命的機率往往比船上高（這種解釋類似第一章所提的一個例子，即冰箱冷藏室裝燈比冷凍櫃更合理）。

安全設施在船上往往沒那麼重要，因爲水道一般不像公路那麼擁擠，而且船速平均也比車速低很多。港口、運河或其他交通繁忙水域，速限經常是五ＭＰＨ——這種速度下發生撞擊，甚少會導致傷亡。

這裡的重點不在於駕船沒有風險，畢竟美國每年仍有八百人死於遊艇意外。不過船主依規定，必須購置能有效增加乘客生存機率的特定安全設備，像是大多數州都要求爲每位乘客提供一套經海岸巡防隊認可的個人飄浮器。但總的說來，坐車遠比坐船危險，因此投資更多金額在汽車安全設施上完全合乎經濟學原理。

有個重要的經濟學派主張，法律會往更有效率的方向演變。⑬所謂有效率的法律，是指能讓社會成員財富極大化的法律。如果兩種立法方式中有一種效率較高，那麼應該有辦法達成協議，讓每個人都能在有效率法律下獲得比無效率法律下更大的利益。

假設某一法律規定可增加消費者財富三十億美元，但生產者無法獲利，而如採用另一種立法版本，生產者財富可增加十億美元，但對消費者無作用。那麼相較之下，第一種版本是有效率的法律，因爲社會整體的財富增加較多。

但假設生產者擁有強大的政治力量，足以左右何種版本的法律能過關。根據法律效率假說，生產者仍會同意採行效率較高的版本，但同時也會運用影響力爭取租稅減免，金額至少要能彌補因而損失的十億美元。

另一派學者雖然認同上述論點合理，但也強調在眞實世界中，要達成有效率結果所涉及的協調事宜，難度往往相當高。這派的結論是，執行法律與管制有時未必在於提升效率，而是爲服務力量大的特定利益者。

前面許多例子指出，效率提升的觀點確有其依據，不過特定利益說也未嘗沒有相當的解釋能力。⑭

## 85 爲什麼開車可以吃漢堡或喝咖啡，講手機卻違法？

證據顯示，開車時使用手機可能增加交通事故發生率，⑮因此美國許多州禁止這種行爲，而有些州則允許使用耳機式手機。可是駕駛人某些其他行爲雖不違法，但危險程度並不亞於講手機，像是吃東西、喝熱飲、換CD片，甚至化妝。這些行爲同樣讓駕駛人的視線與操控分心，爲什麼卻不違法？

一個可能的解釋是，手機讓人分心的程度更高。專注於談話的駕駛，注意力可能比吃漢堡的駕駛差很多。只不過如果談話的對象是車內的乘客就不違法。有人認爲，和同車乘客交談不像講手機那麼讓人分心，因爲他們可以幫忙留意路況。但是既然多數州仍允許耳機式手機，這種解釋似乎並不夠充分。

如果各種理由都不足以解釋某項法律，不妨試著問一下：相關人員的所得因而增減多少？如果法律禁止開車時吃漢堡、喝咖啡，速食業必然大受打擊。因此立法諸公必然不願通過這樣的法律，免得影響業者政治獻金的意願。至於禁止講手機但允許使用耳機式手機，則不致產生這種風險，因爲大哥大的用戶不致因此減少，業者甚至還可能因增加耳機銷售而獲利。

另一項因素可能是開車時吃東西的習慣形成時期很早，當時的社會尚未開始以繁瑣的安全法規限制個人行爲，也因此講手機與其他較晚出現的危險行爲，比較可能成爲立法者鎖定的標的。歷史在這裡也扮演重要的角色。

## 86 爲何美國五十州全都不認定使用雷達偵測器爲非法？

美國各州公路全都設定速限，因爲一般人認爲聽任駕駛人以自己喜歡的速度開車，可能對公共安全造成難以估計的風險。雖然聯邦法律禁止跨州營業的商用車使用雷達偵測器，但在州政府層級，只有維吉尼亞州與哥倫比亞特區禁止一般車輛使用雷達偵測器。雷達偵測器唯一的用處就是規避速限，既然公眾對速限措施還算支持，爲何那麼多州並不把使用雷達偵測器視爲不合法？

事實上，各州議員曾多次試圖引進禁用雷達偵測器的法令。據統計，近年有三十三州超過一百一十次的嘗試均遭封殺。⑯因此雷達偵測器能合法使用，一個可能的解釋是，少數經濟實力雄厚的角色（販售偵測器的業者）因利益攸關，強力遊說反對禁用。

反之，禁用爲公眾帶來的利益相當分散，很少有消費者會爲了此事特別致函選區議員，更不可能以此作為是否捐贈政治獻金的理由。

此外，許多駕駛人對雷達偵測器是否應禁用，態度顯得模稜兩可。有些調查顯示，九成以上的人認為自己的駕駛技術高於平均水準⑰〔心理學家稱之為渥北岡湖（Lake Wobegon）作用，因為根據蓋瑞森・凱洛爾（Garrison Keillor）的研究，那個神祕的中西部城鎮「所有兒童都高於平均水準」〕。因此大多數駕駛或許認為，速限對其他技術稍遜的人或許有保護作用，但他們自己高速開車則不會有問題。其實一般人只要逮到機會，都很想嘗試超速的滋味。以某條速限為六十五英里的州際公路為例，許多駕駛會把車速控制設定為七十四英里，因為據熟悉警方人士透露，只有超速十英里以上才會被開罰單。基於這種背景，各州為何很難禁止雷達偵測器也就不難理解了。

本章最後兩個例子提及經濟學原理如何影響立法設計，以保障消費者免受有市場影響力的商家所剝削。這兩個例子談的都是紐約的計程車，由於當地市府規定，計程車必須取得營業牌照才能上路，所以形成一個獨占的市場。這項政策的部分用意在於紓解交通的壅塞，希望透過核准限量的牌照，讓計程車數量不致毫無管制而氾濫成災。

不過這也讓持有牌照者享受一定的市場力量，如果不善加管理，可能導致計程車收費遠高於實際載客成本。因此一般城市不但管制計程車數目，也會制定收費標準。這些規範的目的，不僅在於保障消費者免受不公平待遇，也希望他們在搭乘計程車的決策上更有效率。

## 87 爲何計程車費率包含固定與變動兩部分，而不是按里程比例收費？

根據二〇〇六年紐約的計程車管理法規，固定起跳價爲二．五美元，加上每〇．二英里〇．四美元，以及每塞車兩分鐘〇．四美元。全球其他各城市的計程車費率結構，也都與此類似。爲何主管機構不採取比較簡單的計費方式，取消固定費率，完全按里程數與等待時間比例收費？

在兩種方式下，計程車都是使用電子碼錶計算費率，所以只按里程計費並沒有什麼簡化效果。目前費率結構較爲合理的原因，應在於比僅按里程收費更有效率。

計程車司機的收入必須足以支應所有成本，才有辦法維持下去。有些成本與行駛里程成正比（如燃料、保養、折舊），但另有不少成本，像購車成本、保險支出等，則與里程無關。在計程車須領牌照的地方，牌照的市場價格也是一項固定成本（目前紐約計程車牌照的價碼超過三十萬美元）。

最有效率的計程車費率，乃是讓乘客願意支付的車資，盡量趨近駕駛人因爲這趟旅程而產生的「額外」成本。如果僅按里程收費，每英里的收費可能得提高到好幾美元才足以支應所有成本。如此長途客人負擔大幅加重，影響搭乘意願。但其實長程所增加的額外成本，可能遠低於這些客人願意支付的車資水準。

兼採固定與變動費率的收費方式，更貼近大多數計程車的實際成本，在這種結構下，每英里收費可維持較低水準，不致讓長程的車資遠高於實際的成本，讓長途客人望而卻步。

## 88 爲何由紐約甘迺迪機場搭計程車到曼哈頓的任何地點都是均一價四十五美元，而紐約市內的計程車則是照錶收費？

如果照錶收費，由甘迺迪機場到曼哈頓不同地點的車資應在三十至七十美元之間。爲何紐約計程車主管機構要設定四十五美元的單一費率呢？

甘迺迪機場是外國人進入美國的一個主要國際門戶，而觀光又是紐約主力產業，因此市政當局希望剛抵達的外國訪客能有良好的第一印象。由於許多外國人不通英語，很容易在交易上吃虧，搭計程車也不例外。為了不讓外地遊客或其他沒經驗的乘客擔心司機故意繞路，或以種種方式超收費用，所以紐約市計程車與出租車委員會才設定單一費率，由甘迺迪機場搭車到曼哈頓。

# 7 解讀市場訊號

## 不完整資訊的因應之道

經濟學者經常假設，個人與廠商決策時對相關成本與效益擁有完整資訊。事實上，即使面對重大決策，我們也經常苦於資訊不足。不過這種情況下，成本—效益原則仍然適用，也就是與其爲追求更完整資訊而付出過高代價，不如將就運用不完整的資訊。

正如本章第一個例子顯示，由於握有相關資訊者沒有充分揭露的動機，因此爲決策者取得資訊的努力增添變數。

### 89 爲什麼證券分析師很少建議賣出特定公司的股票？

雖然長期而言，股票市場以上漲年度居多，但有些投資人總是希望自己操作績效能優於標準普爾五百指數等主要指標。爲達成這一目標，許多人會仰仗證券分析師的建議。可是研究結果顯示，分析師建議嚴重地一面倒。①以二〇〇〇年爲例，券商分析師針對美國公司的二萬八千項建議中，超過九十九%是強力買進、買進或持有，賣出個股的建議還不到一%。②可是該年度許多美國公司股價下跌，不少跌幅超過五成。爲什麼分析師的建議如此偏向買進？

或許最現成的解釋是，受到一九九〇年代後期多頭市場氛圍感染，讓投資人抱持非理性的樂觀心態，連分析師也難以避免。可是研究顯示，其他年度分析師的建議同樣偏向多頭。

爲找出問題的癥結，我們不妨回過頭來看看分析師提出投資建議時，面對怎樣的成本與效益。假設有五位分析師都以某支股票爲研究對象，他們當然希望自己能精確預測未來幾個月的股價走勢，可是同時也希望能與這家上市公司維持良好關係，因爲對方往往也是公司的客戶，或是希望爭取的潛在客戶。

現在假設有位分析師準備提出自己的觀點，這時他會考量其他分析師可能的建議，因爲要是自己建議錯誤，所付出的代價部分取決於其他四位分析師的建議如何。首先他很清楚，其他分析師也和自己一樣偏向多頭，因爲他們的上司也希望和被評估的上市公司維持良好關係。就算碰到最極端的狀況，五位分析師全部建議買進，而那家公司股票卻開始下跌，這位分析師也不致太受責難，因爲大家預測都不準。

反之，如果他獨排眾議，在其他四位分析師喊進時建議賣出，結果股價卻開始走揚，一定會成爲眾矢之的。由於其他分析師全都預測正確，更加突出他的錯誤，而且雪上加霜的是，他的老闆還會因而得罪潛在的客戶。

在這樣的背景下，個別分析師最保險的策略，就是和其他分析師可能提出的建議方向一致。大家都心知肚明，其他分析師也和自己處境相同，建議買進較符合老闆的利益。而且其他分析師除了預測股價走勢，也同時在預測其他分析師的建議。由此不難理解，買進建議爲何會成爲分析師最安全的選項。細心的投資人最終會發現，分析師的買進建議對股價未來走勢沒什麼參考價值。

一般而言，市場交易雙方的利益，至少有部分是相互衝突的。賣方希望買方透露願意出價多少，而買方擔心賣方亂開價，也盡量隱藏自己的購買意願。同樣地，買方希望確認想買的東西沒問題，可是又不信任賣方會據實告知產品瑕疵。在這種矛盾下，決策者該如何獲得更完備的資訊？

生物學者曾借用基本的經濟學原理，解釋動物之間利益衝突時的例子。例如兩隻狗搶一塊骨頭，會先打量對手實力如何，再決定是否打一場。狗兒無法以言詞說明自己有多厲害並無關緊要，因爲靠虛言恫嚇「我很厲害，你最好別跟我搶！」也騙不了人。

在這種情況下，狗兒之間靠的是所謂「造假代價高」原則，也就是說，某種訊號如果造假起來所費不貲（或至少很困難），才能取信對立的雙方。③體型大小就屬於這類訊號，愈大型的狗愈令對方喪膽。一般的狗碰到比自己大得多的對手，通常自動退讓；可是如果對方比自己小一號，就躍躍欲試。

正因如此，狗會想盡辦法膨脹軀體。在戰鬥意志激發下，環繞牠們背部毛囊的細小非橫紋肌會瞬間收縮，導致頸背的毛豎立起來，體型立刻顯得比較壯大。只不過在天擇作用下，所有狗兒都懂得這一招式，最終還是唬不過對方。不管豎起頸背的毛或耍其他花樣，看起來體型比較大的狗，眞的就是比較大。

造假代價高原則也可以解釋，爲什麼鳥巢裡叫得最響的幼雛，最可能吃到父母銜回的蟲子。對每隻雛鳥來說，食物愈多愈好，所以大家都高聲啼叫來表明自己有多餓。不過每隻雛鳥都這麼做，這項訊號似乎也就沒太大意義。不過研究顯示，比較餓的雛鳥確實能叫得比較響。動機在這裡很重要，眞的肚子餓，也就有叫得響的動機。

以下的例子可以說明，造假代價高原則也適用於各類市場中潛在對手之間的溝通。

## 90 爲何廠商有時會在某些平面廣告或產品包裝上，標示「電視也有廣告」字樣？

有在電視打廣告的廠商，有時候好像深怕潛在消費者不知道這件事，所以經常在報章雜誌的廣告或產品包裝上標示「電視也有廣告」（As Seen on TV）的字樣。爲什麼顧客會在乎產品有沒有打電視廣告呢？

電視廣告索價高昂，某些時段三十秒廣告就得花費二百五十萬美元以上。當然不是所有電視廣告都那麼貴，但即使是有線頻道的深夜時段，通常還是比廣播電台或平面媒體貴得多。因此眞正的問題是：爲什麼廠商那麼希望大家知道，它們如此不惜血本想吸引潛在顧客注意自己的產品？

想回答這個問題，請注意一個事實，如果產品好，花錢打廣告能得到的回報高過壞產品。廣告所能發揮的最大效果，就是吸引消費者試用產品。如果一試之下感覺不錯，廣告就眞的有價値，因爲這些人可能成爲愛用者，還會告知親朋好友；可是如果試用後不滿意，不但他們不會再買，也不會推薦給友人。在後一種狀況下，廣告費用大半形同白白浪費。

由於新產品上市前，廠商通常已針對焦點團體進行大量測試，對消費者口味有相當把握。因此廠商如果決定投入重金宣傳某項產品，潛在顧客應可合理推斷：廠商看好消費者會喜歡這項產品，否則不可能砸下大筆廣告費。所以我們不難理解，爲什麼許多廠商希望大家注意到它們的產品有在電視打廣告——那裡的廣告費可比其他媒體高得多。

## 91 爲什麼比起收入相同的大學教授，律師花在車子與衣服上的支出比較高？

一般而言，所得愈高，用於各類消費的金額也愈高，車子與衣服也不例外，因此有錢人這兩項支出比窮人高得多。不過所得水準並不是唯一決定因素，好比說，律師買車子與衣服的花費，就比收入與品味相近的大學教授來得高。爲何會有這種差異？

有人在乎嗎？

上面提過，個人的所得水準與支出高低有正相關。而在競爭的人力市場中，個人才能與薪資水準通常也有正相關。因此綜合而言，一個人的才能與他花在車子與衣服的費用也應該有正向關聯。也就是說，只要觀察一個人的穿著或車子，就可大致猜到他的才能如何。

不過這種猜測在某些職業上特別適用。能幹的律師十分搶手，索價也很高；但是大學教授再優秀，薪水往往也不見得比其他同事高多少。因此要以車子與服裝的支出作爲推測個人才能差異的指標，在律師這行要比大學教授來得準確。如果你打算聘請某位律師，卻看到他開的是破爛的老爺車，心裡難免起疑；可是學生看到化學教授開這樣的破車，卻不會因而懷疑他的教學能力。

就算在潛在客戶的心目中，律師開的車子和專業能力只有很微弱的關聯，但律師們還是難免在這項訊號上下功夫，多花點錢買好車。其實一旦這種支出的軍備競賽大勢底定，最有能力的律師通常還是開最貴的車，只不過每位律師的購車支出會超出原本希望的水準。簡單來說，律師在車子與衣服的支出上面臨較大壓力，如果因爲這方面傳遞出錯誤的訊號，讓人懷疑他們的專業能力，付出的代價較高。律師開的車比不上同事，可能就顯得專業能力低人一等，就像狗兒打鬥前不豎起頸背的毛，會顯得比實際體型還來得小。

對比之下，教授花多點錢買車子與衣服，對提升自己的專業形象沒什麼作用。教授們在意的是論文能在一流期刊上發表，研究計畫能申請到經費，而負責這類審核的人士通常根本不知道教授穿的衣服如何或開什麼車子。

衣著在某些行業是比較重要的能力指標。

## 92 爲什麼經濟學有那麼多數學公式？

運用數學模型在經濟學有其悠久而輝煌的歷史，對深入理解市場機制貢獻卓著。可是自二十世紀中葉起，數學理論應用的程度急遽加重，連不少經濟學者都覺得太過頭。到底經濟學者是否數學用得過度？

數學模型應用增加的同時，學術研究職缺的競爭也日趨激烈。在講求嚴謹的經濟學專業領域，如果表現得比別人嚴謹，求職時應可占上風。而

Given this choice of $f(p, q; \alpha)$, the density for persons employed on the date of the survey may be written, using equation (8) from the previous section, as

$$(30) \qquad g(p, q) = \frac{\frac{p}{p+q}}{E(R)} f(p, q) = \frac{k}{E(R)} q^{\alpha_1 - 1}(1-q)^{\alpha_2 - 1} p^{\alpha_3}(1-p)^{\alpha_4 - 1},$$

where the fact that $\int_p \int_q g(p, q) = 1$ may be used to determine that

$$(31) \qquad E(R) = \frac{\frac{\alpha_3}{\alpha_3 + \alpha_4}}{\frac{\alpha_1}{\alpha_1 + \alpha_2} + \frac{\alpha_3}{\alpha_3 + \alpha_4}} = \bar{R}(\alpha).$$

Using equation (9), the density for persons unemployed on the date of the survey may be written as

$$(32) \qquad h(p, q) = \frac{\frac{q}{p+q}}{1 - E(R)} = \frac{k}{1 - E(R)} q^{\alpha_1}(1-q)^{\alpha_2 - 1} p^{\alpha_3 - 1}(1-p)^{\alpha_4 - 1}.$$ [11]

The density for the starting cohort is given by

$$(33) \qquad m(p, q) = k^* q^{\alpha_1}(1-q)^{\alpha_2 - 1} p^{\alpha_3}(1-p)^{\alpha_4 - 1},$$

**經濟學裡的數學公式：過猶不及？④**

能夠設計並演算繁複的數學模型，正是專業能力卓越的訊號，理路不清的人可無法勝任。因此想爭取這些學術職缺者，無不投入更多時間與精力，以求數學功力更爲精進。

可是和其他案例相同，訊號的強弱取決於相對的環境。當愈來愈多經濟學者在著作中增加數學模型的應用，藉以展現自己的學術能力，競爭的門檻也愈來愈高。這樣的「軍備競賽」之下，導致數學模型的應用趨於浮濫。

這樣看來，經濟學用到過多的數學，可能和雞尾酒會中大家都拉高嗓門是同一回事。在擁擠而嘈雜的空間，一定得提高音量才能讓人聽見。可是當人人都提高音量，嘈雜程度隨之提高，你就得更大聲一點。

## 93 爲什麼理應熟諳語言使用的人文學科教授，寫起文章來卻那麼不清楚？

同一群體內的成員溝通能力可能相差懸殊，即使在這麼看重溝通的政治界也不例外。像柯林頓（Bill Clinton）總統就堪稱清晰溝通的典範，但如小布希（George W. Bush）總統之流，則往往不知所云。不過在有些群體中，口頭表達能力倒沒有那麼大差異，例如想躋身人文學科教授，勢必得具備相當的文字與口語功力。可是瀏覽人文學科教授的著作，卻充斥令人無法卒讀的段落。以下是摘自瑪麗亞・盧貢（Maria Lugones）〈街頭行人策略〉（Tactical Strategies of the Streetwalker）論文的一段：⑤

> 我建議應採行朝向干擾二元對立的策略，這對於抗拒／解放認識論至爲重要。這樣做就是應用分解伴隨社會區隔而來的集體性，並將其危險規避理論化而不應用其思維。

或許大部分人文學科教授能輕易解讀其中含義，但根據非正式調查，其他絕大多數的人可辦不到。爲什麼對一般讀者而言，人文學科教授的著作經常猶如天書？

一個可能的解釋是，人文學科的對話也受制於與經濟學類似的模式。經濟學者想要出頭，就得表現得比競爭對手更嚴謹，而人文學科教授則需要盡量展現自己學識有多淵博。假如一開始，絕大多數人文學科教授用字遣詞都平易清晰，而其中有一位教授卻偶爾在談話或寫作時掉書袋，可以想見他一定能占到些便宜。聽者與讀者會覺得此人言論必然頗具權威性，因爲有些意思他們不清楚。

當然如果賣弄過度，穿插太多讀者不熟悉的術語，可能會遭到抱怨。可是如果有更多教授起而跟進，許多原本艱澀的語詞可能慢慢在學術圈內普及起來。此時唯有將底線再往前推進，才可能展現自己的博學。這樣發展下去的結果，專業讀者對學識淵博的界定標準也會跟著變動。等到塵埃落定之際——如果眞有那麼一天——人文學科教授的專業著作和傳統英文寫作之間呈現天壤之別，也就不足爲奇了。

有句俗話說，市場有兩種買家，一種不知道自己在幹什麼，另一種不知道自己不知道自己在幹什麼。第一種買家如果能考量本身資訊不足，而觀察價格與品質間的一些關聯，有時可把損失限於一定範圍。以下兩例都與資訊不對稱有關，由於賣方對產品的品質較爲了解，因此會成爲買方仔細觀察的對象，希望從他的行爲中找出與產品好壞相關的資訊。

## 94 爲什麼「近全新」二手車的價格比全新車低那麼多?

新車一開出經銷商展示間，一夜之間價格就可能跌掉兩成以上。由於汽車壽命通常超過二十萬英里，爲什麼區區幾英里就會導致價格如此急遽下跌？

部分原因是反映批發與零售價格的差異。顧客購買新車支付的是零售價，大約比經銷商的成本高出百分之十五。可是如果打算立刻轉售出去，這位顧客的身分就轉變爲業餘汽車經銷商。他當然也想以接近原始購車價格賣出，但此時他的競爭對象是一批專業車商，他們有舒適明亮的展示間，而且現場還有一票經驗豐富的業務員與技師。這些專業車商比較容易吸引有興趣的買主，所以業餘賣家就只能訴諸較低的價格。

不過「近全新」二手車價格比全新車低很多，另有一項重要因素。有鑑於汽車製造與裝配流程中變數繁多，很難保證新車出廠時全部完美無缺。再加上車主駕駛與保養習慣各異，使得二手車的變數更形複雜。一些有問題的「近全新」二手車，連經驗老到的技師也未必看得出毛病。因此關鍵因素就是二手車車主對車況的了解，遠超過可能的買主。

這種資訊不對稱明顯影響二手車的價格。⑥假設根據一般評價，一輛耐用的二手車價值兩萬美元，而次級二手車則只值一萬美元；再假設二手車只有半數耐用，那麼所有二手車的平均價格應該是一萬五千美元。

在這種情況下，二手車實際售價會遠低於此。為什麼呢？假設所有二手車都能賣到一萬五千美元，那麼怎樣的車會給拿出來賣？由於耐用二手車的價值是兩萬美元，車主自然不願以一萬五千美元的低價求售。反過來說，次級二手車的車主卻非常樂意以這個價格賣掉僅值一萬美元的車子。如此一來，市面上所有待售二手車都會是次級品，除非價格大幅降低，否則不會有人願意購買。

現實狀況中，當然也有人出售二手車的原因和耐用與否並不相干，這時他們就必須仔細說明，自己出於什麼不得已的原因而出售愛車（「移居倫敦在即，急售富豪（Volvo）

房車」……「新爲人父，急售保時捷（Porsche Boxster）跑車」）。

## 95 爲什麼澳洲電影如此成功？

以下各項有何共通之處？《馴馬師莫蘭特》（*Breaker Morant*）、《吊人岩的野餐》（*Picnic at Hanging Rock*）、《最後浪潮》（*The Last Wave*）、《舞國英雄》（*Strictly Ballroom*）、《沙漠妖姬》（*Priscilla, Queen of the Desert*）、《我的璀璨生涯》（*My Brilliant Career*）、《衝鋒飛車隊》（*Mad Max*）、《加里波里》（*Gallipoli*）、《紅磨坊》（*Moulin Rouge*）、《迢迢歸鄉路》（*Walkabout*）、《愛情無色無味》（*Lantana*）、《末路小狂花》（*Rabbit Proof Fence*）、《危險年代》（*The Year of Living Dangerously*）、《妙麗的春宵》（*Muriel's Wedding*）、《鋼琴師》（*Shine*）、《鱷魚先生》（*Crocodile Dundee*）。

它們全是澳洲電影，而且在美國都很賣座，但大部分製作成本不高。整體而言，它們的表現遠遠優於經費龐大得多的美國片。爲什麼澳洲片在美國的成績如此亮眼？

有些人認爲這是由於澳洲文化比美國更鼓勵發揮創意。可是我認爲還有個更簡單的原因值得一提：在美國上映的澳洲片並不代表澳洲的電影的全貌。

美國市場的發片成本高於其他各國，僅廣告預算就可能超過數千萬美元。電影公司老闆必須對賣座有相當把握，才會願意投入如此龐大的資金。吸引觀眾去看一部片子的因素很多，像是人氣高的明星或著名的導演都是票房保證，而賣座的系列電影有固定的觀眾群，當然正面的影評也有加分效果。不過最重要的因素，應該還是口碑。

前面列出的澳洲電影剛在美國上片時，大多數美國觀眾根本沒聽過這些導演或演員——當然彼得・威爾（Peter Weir）與梅爾・吉勃遜（Mel Gibson）等已經家喻戶曉的大牌例外——而且也不屬於系列電影。

因此這些片子想打開美國市場，只能仰仗本身品質有一定水準，足以贏得影評與口碑的好評。所以美國觀眾覺得澳洲電影的水準高，乃是因爲只有最好的澳洲片才有辦法進入美國。

除了決策時相關資訊不足外，有時就算有了資訊，也未必都管用。如果相關資訊告訴你，有些狀況下品質較優，而有些狀況下較差，這種資訊等於沒什麼用。不過有時相關資訊全都偏於同一邊，此時決策者只要知道偏差往哪個方向，往往可以藉以獲利。

## 96　爲什麼職棒最佳新人的得主，下一球季往往表現變差？

二〇〇二年，多倫多藍鳥隊的三壘手艾利克・辛斯克（Eric Hinske）以出賽一百五十一場，締造二成七九的打擊率、二十四支全壘打、八十四個打點的佳績，獲得美國聯盟年度最佳新人獎。但接下來兩個球季，他的打擊率只有二成四三與二成四八。這類事例在職棒大聯盟的歷史屢見不鮮。通常獲提名最佳新人的球員，在職業生涯首季賽事成績足以傲視一般資深老將；但到下一球季，多累積一年經驗後，他們的表現反而無法與初出茅廬時相提並論。由於這一現象頻繁發生，所以有人以「退步的第二年」（sophomore slump）來形容。到底其中原因何在？

一個可能的解釋是，別隊投手需要一段時間才能找出新人打擊的弱點。不過這種說法如果成立，那麼所有第二年的選手都應該出現這種問題，而不僅局限於最佳新人。可是總體來看，年資兩年選手的表現平均略勝第一年的新人。

因此比較可信的說法，就是「退步的第二年」其實只不過是統計上的錯覺。即使最優秀的選手，也未必能永遠維持一貫的水準，所以某些球季的打擊率與進攻表現會特別出色。贏得年度最佳新人獎的球員在該球季表現當然很突出，通常也遠優於自己的平均水準，因此到了第二年難以爲繼，其實並不令人意外。

退步的第二年，應該是統計學所謂「向平均數迴歸」的一個例子。⑦任何事物的成功只要具有隨機的因子，那麼一旦獲得異乎尋常的成功，接下來雖然未必百分之百走下坡，但出現這樣情況的可能性的確比較高。

## 97 爲什麼當組織表現差，常讓老闆忍不住想採行開除領導者的錯誤策略？

職業隊在球季表現不佳，球團老闆直覺的反應就是請教練或經理走路。同樣地，如果公司虧損嚴重，董事會直覺的反應就是開除執行長。問題是，下一年度在新人領導下的成績，是否可以證明換人策略是明智之舉？

球隊在某些球季輸球，就和企業在某些年度虧損一樣，通常都是許多因素綜合的結果。碰上表現特別差的一年，領導者固然難辭其咎，可是也免不了有其他不利因素的影響。這些因素往往各有隨機性波動，與什麼人擔任經理或執行長無關。如果某一年度所有因素全都極端不利，那麼下一年度往往就會否極泰來。

由於新領導者通常在最差年度過後走馬上任，所以無論是否眞的優於前任，可以預期他們第一年的表現應會勝過前一年。這種改善其實也是向平均數迴歸的另一個例子。當然原來領導者或許眞的無法勝任，理應開除，但是僅憑換人之後績效改善，其實還不足以斷言開除前任領導者眞的是明智之舉。

## 98 爲何經理人往往高估責罵的作用，也低估讚美的效果？

嚴苛的經理人在部屬犯錯時常會立即批評，但看到他們表現傑出時卻吝於讚美；善於提攜後進的經理人卻恰好相反，總是不吝讚美，卻不馬上斥責。究竟哪一種作法比較有效？這個問題並沒有單一的正確答案，所以新上任的經理人很自然會去進行試驗，找出最適當的作法。只不過這樣的試驗存在本質的偏差，以致不少經理人會誤認讚美沒有責罵來得有效。爲什麼會有這樣的偏差呢？

原因和棒球年度新人王第二年往往退步一樣，也涉及統計學向平均數迴歸的現象。⑧員工和球員相同，並非時刻維持一致的水準，有時表現超水準，有時卻會失常。如果某位員工這星期的表現低於平日水準，下星期往往會改善——不管上司反應如何。反之，如果員工這星期表現超水準，下星期大概很難維持不墜——無論上司是否給予稱讚。

正因如此，當部屬表現失常而給予苛責的經理人，很容易把部屬隨後的改善歸功於自己的嚴格態度。反之，對部屬優越表現不吝稱美的經理人，也常因爲他們隨後的表現退步，而錯誤歸咎於自己管理風格太過寬鬆。

試驗顯示，至少在某些特定情境下，鼓勵式管理風格比苛責更能激發員工的績效。⑨這類實證資料應該比較可信，不至於因爲偶然的向平均數迴歸的現象，讓我們對事物的看法出現偏差。

由本章最後一個問題，我們會發現，透過成本—效益原則，可以看出某些看似毫無意義的資訊究竟有什麼價值。

## 99 爲什麼商店櫥窗會張貼導盲犬可入內的告示？

很多商店會在櫥窗上張貼相關的店規，像是禁止未穿上衣或鞋子的客人入內，而禁菸與禁帶寵物的規定也日益普遍。可是儘管禁帶寵物，店家幾乎都會附帶註明，導盲犬不在禁止之列。既然無論是導盲犬或牠的主人都無法閱讀這項規定，爲什麼還要貼出這樣的告示？

明眼的顧客不會帶導盲犬，所以沒必要知道這項規定。即便如此，讓這些顧客知道導盲犬可入內，對店家可能還是有好處。因爲或許有些顧客看到狗進到店裡，不知道那是導盲犬，反而誤會店家執行禁帶寵物政策太鬆散。還有些顧客或許認爲寵物一律不准入內太不近人情，因爲依賴導盲犬的盲人購物會受到歧視。

這些好處看來似乎微不足道，可是製作告示往往也花不了什麼錢。因此張貼這樣的規定即便利益再小，也還是有它的道理。

# 8 經濟自然學家環球行

## 日常生活經濟學

日常經濟生活細節在不同國家展現不同風貌。例如，日本人住宅比美國人小得多，這種差異或可歸因於文化，但我們又要問，各國文化為何有差異？難道純粹源自數千年前即已形成的習俗嗎？心理學者傑若米・卡根（Jerome Kagan）指出，如果由因應不同時代、不同地域錯綜複雜問題的角度來看待各地文化規範的差異，應該會更有收穫。①像是嬰兒死亡率高的社會，文化上往往強調克己與超然，而戰爭頻仍的社會則崇尚勇氣等等。

依循卡根的思維，本章把各國行為的歧異，視為在不同成本與效益背景下所得到的結果。各國之間最明顯的差別，表現在每人所得上。不論文化背景如何，所得不同者往往有不同的選擇。

## 100 爲何手機傳簡訊在亞洲各國比美國來得普遍？

在亞洲各地，你會看到老老少少都忙著用手機相互傳送簡訊；而手機簡訊在歐美各國要少得多。爲什麼會有這種差異？

亞洲各國傳統電話系統遠不及美國來得完備，因此手機出現後，普及速度反而比美國更快。由於手機簡訊使用的頻寬遠低於聲音傳輸，價格也較低廉。亞洲各國除日本之外，所得水準都落後美國一大截，因此亞洲人自然偏好便宜的簡訊傳輸方式。

試過的人都知道，手機傳簡訊的技巧需要相當的時間與精力才能熟練。由於亞洲人很早就習慣這種通訊方式，因此就算他們現在已經付得起聲音傳輸的費用，還是繼續用手機傳簡訊。美國人因爲一開始就是聲音通訊爲主，自然沒什麼意願去熟悉手機簡訊的操作。

對於上述的解釋，或許有人持反對態度，因爲至少像芬蘭等國家雖然有完善的傳統電話系統，但手機簡訊也相當普遍。可是芬蘭人習於用手機傳簡訊，或許源自他們以不善社交而聞名的國民性。有則笑話問：「怎樣判斷哪個芬蘭人個性比較開朗？」「很簡單，就是盯著你鞋子看的人。」

## 101 爲何巴西的鋁罐回收率遠高於美國？

美國有十一州的消費者購買鋁罐飲料時，必須支付每罐至少五美分的押金，政府機構也經常宣導飲料容器的回收。消費者只須就近把鋁罐送到回收中心，就可取回押金。但美國每年出售七百億鋁罐飲料，回收率僅略高於五成而已，其餘的最終大都進到垃圾場。②相較之下，巴西的鋁罐飲料沒有押金，也沒有便利的回收中心，政府對鋁罐回收也缺乏宣導。可是巴西飲料鋁罐每年回收率高達九成左右。③爲何巴西的回收率遠高於美國？

雖然巴西鋁罐飲料沒有押金制，也沒有便利的回收中心，但鋁罐可賣給商人，熔化後以再生鋁的形式出售。由於巴西國民所得不到美國的二十％，赤貧者比比皆是，約有二十萬人靠撿拾鋁罐爲生。反之，許多美國人覺得到回收中心排隊換押金划不來，寧願把鋁罐當垃圾扔掉。根據美國容器回收協會統計，這種行徑導致過去二十年扔掉的鋁罐達到一千一百萬噸，估計價值爲一百二十億美元。④

雖然廢棄物法規未能促成美國全面回收資源，但至少發揮一項正面效果：因爲鋁罐可換押金，丟棄於公共場所的鋁罐幾乎馬上就給拾荒者撿走。不過和巴西不同，美國的拾荒者不到垃圾場撿拾鋁罐，因爲許多地方性法規禁止這種行爲。

雖然亞洲平均所得低於歐美，但因不少亞洲國家人口密度高，因此土地價格遙遙領先歐美。這種價格差異對兩地娛樂業造成的影響頗值一提。

## 102 爲什麼韓國和其他許多亞洲國家電影院可事先畫位，美國電影院卻往往自由入座？

首爾觀眾購買的電影票位子已畫好，可是芝加哥的電影院卻採取自由入座、先到先坐的方式。爲什麼會有這種差異？

不論在什麼地區，畫位制的都會產生相關成本。售票員得詢問購票者想坐什麼座位，而接待員必須把觀眾引導到正確的位子。這類成本在全球各地沒有太大差別，因此問題癥結應該出在畫位的好處上。

如果以人口大致相當城市相比，美國電影院每部電影的放映場次比亞洲來得密集。對觀眾而言，場次密集至少有兩個好處：一是空閒時比較容易找到合適的電影看；其次是通常每場都有不少空位，興之所至臨時起意者也不怕買不到票。

亞洲電影院的場次通常沒那麼密集，主要是因爲亞洲城市比起美國城市，平均所得較低，而土地價格較高。增加放映場次固然方便觀眾，但也會提高成本，所得較低者通常不願意爲了這種方便而多付點錢。加上亞洲地價貴，使得戲院興建成本高，同樣也限制了放映場次。

正由於放映場次少，亞洲電影院常會滿座。觀眾擔心買不到票，所以會提早到電影院，形成大排長龍的場面。不過隊伍排得再長，電影院的座位供給還是固定的，因此由集體的角度而言，觀眾花在排隊的時間純屬浪費。可是如果你不排隊，就永遠別想看到電影（這是個人與群體利益衝突的另一例）。

預定座位是解決這個問題的簡單方法。觀眾可預先購買畫位的電影票，就不必在電影開演前排上好幾小時的隊。

## 103 爲何美國的多廳電影院通常允許觀眾一張票看多部片子，而亞洲的多廳電影院卻只准看一部片子？

雖然美國電影院並未公開聲明，但大都不禁止觀眾以一張票看一部以上的電影。只要持票進入多廳電影院的入口之後，通常就沒人再查票。看完你原本買票想看的片子，還可以免費去看第二部、甚至第三部電影。反之，大多數亞洲多廳電影院會在各廳入口查票。爲何會有這樣的差異？

一個可能的原因或許是上例曾提到的，美國電影院常有空位，而亞洲電影院則經常爆滿。因此美國觀眾免費看第二部電影時，不致妨礙到其他想看的觀眾，但在亞洲卻不是如此。

因此不讓觀眾以一張票看一部以上的電影，對滿座率較佳的亞洲電影院來說，效益自然高於經常有空位的美國電影院。雇用專人在每一廳查票所費不貲，也只有亞洲的電影院比較願意負擔這筆支出。

也可能是美國電影院經營者希望，不強制實行一票看一片，有助於刺激營收。雖然美國戲院各廳不設個別查票口，但大部分觀眾一次還是只會看一片。因此問題的關鍵在於少數看一部以上的觀眾：如果一票只能看一片，他們究竟還會不會光臨？要是答案是否定的，就表示不限一票看一片的策略確實可提高戲院總營收。

換言之，不嚴格執行一票一片，其實就是另一種形式的價格歧視。願意打破這項不成文慣例的觀眾，平均來說價格敏感度應該較高。寬鬆的查票制的功能如同一種簡單的障礙，戲院經理人藉此可以在不降低票價下，讓比較在乎價格的觀眾享受到折扣。

總之，這項政策固然可能減少戲院收入，因為原本打算多次購票看多片的觀眾，只須買一張票即可，但由此吸引來的新增觀眾，抵消此一損失應綽綽有餘。

下面這個例子顯示，某些有趣的國際差異，可能源自從事不同職業的機會成本有別。

## 104 為什麼美國男性在國際足球比賽的表現這麼差？反而是女性相對要好得多？

過去一個世紀，美國男女運動員在歷屆奧運會的金牌總數總是居於領先地位。不過近年來，美國女子足球在全球比賽中成績斐然，但男子隊的表現卻乏善可陳。為什麼會有這種差異？

一九六〇年代以前，美國校園踢足球的人很少，職業比賽就更少。雖然此後足球之風漸盛，但迄今仍只能算是美國的二線運動。反觀美國橄欖球、棒球、籃球、曲棍球的職業球隊，長期以來一直以動輒數百萬美元年薪，極力爭取最優秀的年輕選手，以致美國足球隊總是缺少可供選擇的可造之才。

反之，足球在其他許多國家向來是男子運動的主力，因此當足球明星幾乎成為每位有天分運動員的夢想。美國的男子足球隊之所以在國際比賽中難以出頭，就是因爲碰到的對手球隊都是由各國千挑萬選的菁英所組成。

美國女子足球在國際上處境就比較有利，因爲其他許多國家女性參與運動的情況相對較不普遍。而根據美國憲法第九條規定，學校對男女學生的體育經費支出必須平等。同時美國沒有其他待遇優渥的女子職業運動聯盟，會吸收走優秀的女性運動員。

各國人民行爲上的差異，雖然許多源自價格與所得因素，但有些則是不同經濟政策下的產物。

## 105　爲何德國的失業率遠高於美國？

雖然多數國家的失業率水準會隨著時間而變動，但各國之間卻可能一直維持相當的差異，像美國的失業率就持續低於大多數歐洲國家。二〇〇六年九月，美國失業率爲四・六％，而德國高達八・七％。⑤爲什麼德國的失業率高出那麼多？

要分析這個問題，不妨先從檢視兩國失業人口的成本與效益著手。和多數已開發國家相比，美國人更仰賴本身的工作來滿足基本經濟需求。例如美國的健保主要由雇主提供，而德國則是政府負責。美國雖然有協助失業者的失業保險制度，但給付金額與期限都不及德國。同時德國的低所得者社會福利給付比美國優厚，限制也較寬鬆。

當然大多數德國人和美國人都有穩定的工作，也滿足於這種狀態。但對失業族群而言，在兩國受到的待遇卻有天壤之別：美國人一旦沒工作，維持生計都有困難，而德國失業者的基本需求卻受到政府無限期的照顧。

簡單來說，在德國不工作的機會成本低於美國，因此使得德國失業者更能好整以暇，慢慢挑選適合的工作。

## 106 為何美國消費者支付的糖價是全球價格的兩倍以上？

二〇〇五年美國粗糖價格是每磅兩毛兩分美金，但全球市場的平均價格為美金一毛。為何會有這種差異？

最簡單的答案就是：美國對進口糖課徵超過百分之百的關稅。⑥可是我們接著就要問，為什麼國會議員要制定這項政策，讓他們的選民每年得多支出二十億美元？首先我們不妨觀察一下，美國一般選民以及國內製糖業者因為這項政策所面對的成本與效益，其實大不相同。

美國每個家平均花在糖的支出，還不到所得的一％，所以大概不會有什麼選民因為不滿高糖價，而向選區議員提出抗議。絕大多數的選民可能根本就不知道進口糖要課多少稅。

但製糖業者的情況就大不相同。舉例來說，據估計佛羅里達州某大製糖業者的年度獲利，可因高關稅而提高約六千五百萬美元。⑦如此利害攸關之下，也難怪製糖業者不但對國會議員發動信函攻勢，還聘請遊說高手爭取權益。更重要的是，他們對支持高關稅的議員提供龐大的政治獻金。

製糖業者所獲得的好處，其實還不及美國消費者付出成本的一半。可是取消糖類關稅在政治面卻難上加難，因爲高關稅的利益集中於少數業者，而成本的負擔卻高度分散到所有消費者身上。

## 107　爲何歐洲的汽車引擎比美國小很多？

BMW的5系列行銷全球，不過歐洲許多駕駛人選擇的是一千六百西西的四汽缸引擎，而美國能買到最小的車款卻是三千西西的六汽缸引擎。一般來說，歐洲銷售的汽車和美國相比，引擎排氣量要低得多，汽缸數也較少。爲什麼會有這種差異？

有些人或許認爲，歐洲道路交通較擁擠，因此高效能的車子不像美國那樣有用武之地。可是歐洲許多高速公路沒有速限，保時捷或法拉利（Ferrari）飆到時速一百五十英里是司空見慣的場景。

當然這些名牌車的車主可能根本不擔心錢的問題，但對一般歐洲升斗小民而言，因爲汽油稅負擔重，所以他們比一般美國民眾更會避免買大型車。近年來，歐洲油價加上各類相關稅負，幾乎是美國兩倍的水準。另外一項因素，就是歐洲有些國家的汽車稅有一部分以引擎排氣量為課稅基礎。

歐洲人之所以選擇小車，並非他們不喜歡速度快的車，而是大型車承受的財務懲罰實在太沉重。

## 108 為何新加坡銷售的汽車，豪華車款所占百分比遠高於美國？

新加坡國民平均所得比美國低三分之一左右，而兩國的所得分配形態極為類似。可是BMW或賓士等豪華轎車在新加坡的市占率遠高於美國。為什麼新加坡人比較喜歡買高檔車？

由於新加坡的人口密度高，政府對污染與擁擠問題採取積極對策，例如興建高效率的大眾運輸系統，並課徵高額的汽車牌照費。⑧新加坡豪華轎車比率偏高，與汽車牌照費的三項特點關係密切。首先，牌照費高得出奇，甚至超過頂級汽車的稅前價格。其次，牌照費有很大部分與車價無關，不論你買的是本田 Civic，還是貴上五倍的 BMW745i，牌照費都一樣。第三，舊車牌照費遠高於新車，政府主要是考量汽車污染防制技術逐漸改進，希望藉此鼓勵購車者選擇低污染的新車。

歐洲汽車引擎較小：汽油稅較高的後果？

高昂的牌照費使得在新加坡開私家車所費不貲，因此有車階級的比率遠低於美國。中低所得的新加坡人通常以大眾捷運代步，汽車成爲有錢人的專利。如果加上牌照費的負擔，新加坡購買豪華車的支出不到平價車的三倍，而美國豪華車的價錢常是平價車的五倍之多。

由於舊車牌照費偏高，因此新加坡街頭看到的新車比例高於美國。高昂的牌照費使得有車階級局限於富人，加上豪華車相對價格（含牌照費）比較低，因此新加坡豪華新車的比例比美國高得多，也就不足為奇。

## 109 為什麼行人任意穿越馬路在羅馬會受罰，而紐約卻沒事？

造訪過曼哈頓的人都曉得，紐約的行人不太理會交通號誌，只要車流一有空檔，即使紅燈也照闖不誤。就算巡邏員警在場也沒什麼嚇阻作用，因為大家很清楚，違規穿越馬路雖然是觸法行徑，但幾乎沒人因此受罰。可是羅馬就大不相同，警察照例會對違規穿越者開罰，因此行人不守交通規則的情形少得多。為什麼會有這種差異？

如果我們要解釋的是柏林警方為什麼會取締違規穿越馬路者，答案相當順理成章，那就是德國人向來以執法嚴格著稱。可是義大利人的形象好像並非如此。

不過紐約和羅馬的交通狀況有一項明顯的差異，或許造成警察執法態度的不同。紐約的車流幾乎全是汽車或貨車，行人違規穿越給撞到，通常非死即傷。然而羅馬街頭機車與自行車的比例很高，違規穿越者本身比較沒有性命之憂，反倒可能危及無辜的機車與自行車騎士。兩地取締違規的作法不同，追根究柢還是源於租稅政策的差異。義大利的汽油與汽車稅負較重，因此羅馬騎機車與自行車的人比紐約普遍得多，這才導致違規穿越馬路受到更嚴格的取締。

下一個例子談到的是，爲何類似的產品在不同國家有不同的行銷手法。

## 110 爲何美國DVD格式與歐洲等地不同，而CD卻沒有這種差異？

如果有位來自巴黎的訪客送給紐約親戚一張法國的DVD，他們很快會發現，美國的DVD放影機無法讀取。同樣地，如果他在紐約買了張DVD，回國也會發現法國的DVD放影機無法讀取。不過CD就沒有這樣的問題，不論哪裡買的CD片，都可在各地播放。爲什麼DVD的銷售採取不同格式，而CD卻沒有？

對電影公司來說，一部電影可透過兩種形式銷售——電影銀幕與DVD，但唱片公司的音樂只能由CD來銷售。這三項產品的共通處，在於額外多服務一位顧客的邊際成本非常低：戲院放映的片子大都有空位；電影或唱片製作完成後，額外燒錄DVD或CD的成本微不足道。不過由於電影公司有兩種產品要賣，所以會採取特殊的行銷策略。

賣方的目標在於讓買方盡可能付出最高價，而我們前面提過，提供折扣給一些不怕麻煩的顧客，是達到這一目標的有效手段。電影公司可採用的障礙，就是對戲院放映的片子收取較高價格，而幾個月後才發行的DVD則定價較低。四口之家上戲院看一部電影，可能得花上四十美元，但如果願意等上一陣子，就可以用三美元把DVD租回家。要是DVD發片時間與電影上映同步，必然會影響到戲院的票房。

電影公司通常會錯開主要國際市場的上片日期，因此某部片子可能九月在美國首映，隔年二月輪到歐洲，隔年六月才到亞洲。假使全球DVD的格式一致，那麼這部片子的DVD如果隔年二月在美國推出，歐洲與亞洲的消費者也很容易在店裡租到，或上亞馬遜網路書店購買，時效不比上戲院看電影差，而且花費更低。DVD之所以有不同格式，就是希望避免這種情形。

唱片公司難道不會碰到類似問題嗎？要是錯開各地CD發片時間，音樂家就可以配合巡迴不同國家。可是電影公司可從戲院與DVD兩者獲得收入，但唱片業者只有CD銷售一途。就算邀請樂團巡迴演奏，票房收入是歸於音樂家，而非唱片公司。因此防止CD在各國間自由流動，對唱片公司並沒有什麼好處。

大型婚禮：對企業與社會網絡的投資？

各國人民行爲上的差異，有些與所得、價格或經濟政策都不相干，而是由於社會習俗的差異導致不同的行爲動機。

## 111 爲何日本新人結婚典禮的花費比美國新人高？

日本新人花在婚禮的費用，大概是美國新人的兩倍以上。[9]雖然日本人平均花在每位賓客的費用較高，但兩者間的差異主要還是由於日本新人邀請的賓客比較多。爲什麼日本人結婚典禮的規模大得多？

日本婚禮通常廣邀同事、老闆以及其他社群成員參加，有時沒有私交的地方政治人物也會受到邀請。即使一般中產家庭，賓客名單都常多達三、五百人之譜。

日本新人廣發喜帖，多少是因爲社會上相當倚重非正式的社會或企業網絡。個人想鞏固在這些網絡裡的地位，就不能不講究人和。要是某人原本預期會受邀，卻沒收到喜帖，可能導致嚴重的負面後果。日本人結婚廣邀賓客，可視爲維繫重要社會與企業網絡的一項投資。這種網絡在美國雖然也存在，但重要性通常遠不及日本。

# 9 當心理學遇上經濟學

## 行爲經濟學

雖然經濟學者常假設，人類是理性的，而且注重狹隘的自我利益，但新興的行爲經濟學卻挑戰這些假設。舉例而言，即使我們打算日後再也不光顧某家餐廳，但這次用餐的小費仍照給不誤，還有我們的決策會經常受到顯然不相干的資訊所影響。

行爲經濟學的先驅研究，大都由兩位以色列心理學者丹尼爾·卡尼曼（Daniel Kahneman）與阿摩斯·特弗斯基（Amos Tversky）完成。①他們曾進行一項試驗，請一組大學生估計一下，非洲國家中是聯合國會員的百分比有多少。②大多數學生對這個問題都沒有什麼概念，不過他們只要隨便說個數字就可以。這項試驗的特殊之處，在於學生被問到上述問題前，必須先轉動一個輪盤，上面隨機排列一到一百的數字，出現機率均等。

學生當然也明白，他們轉到的數字和問題的答案並不相干，可是轉到的數字爲十以下的學生，平均估計值是百分之二十五，而轉到六十五以上的學生，平均估計值爲百分之四十五。

行爲經濟學的許多內容就聚焦於這類認知誤差上。由本章前幾個例子可以看出，一般人決策時倚重的似乎是錯誤的資訊，有時資訊並沒問題，問題在於引用不當。

## 112 爲何一般人會認爲康乃爾大學學生的自殺率偏高，但事實上，該校學生自殺率還不到全國大學生平均水準的一半？

康乃爾大學每十萬名學生一年自殺四．三人，還不及美國大學生平均水準的一半，③可是長久以來，大家一直認爲該校自殺率偏高，爲何會出現這種狀況？

根據卡尼曼與特弗斯基的說法，一般人是根據自己概略的經驗法則來衡量周遭的世界。例如在估算某類事件發生頻率時，他們往往會以能否從記憶中找到此類似事例作爲估計準則。④這種方式大體上效果不錯，因爲愈常發生的事件，我們就愈容易記起相關的案例。

不過頻率高低並不是記憶能否長存的唯一因素，事件的突出性也扮演重要角色，而康乃爾大學自殺率被高估可能正源於此。其他大學的學生自殺方式往往相當典型，像是吞服大量安眠藥，但康乃爾因兩面瀕臨深不見底的冰河峽谷，有不少自殺的學生是從連接峽谷間的橋樑跳下，以致搜救人員出動時，往往造成橋樑周邊交通壅塞好幾小時。因此一旦問起康乃爾的自殺率是否偏高時，一般人很容易聯想到這類案例，因而自然會持肯定的答案。至於服安眠藥自殺的案例，除非與當事人熟識，否則一般人並不會知悉。

## 113　爲什麼房地產仲介業者往往會給客戶看兩間條件相近的屋子，而且其中一間價格比較便宜，狀況也比較好？

有位購屋者面對兩幢房屋難以抉擇：一幢是希臘復古風格農莊，屋況良好，價格爲三十萬美元，另一幢是近期重新裝修過的維多利亞式連幢住宅，標價二十八萬美元。購屋者心裡比較偏好後者，而此時仲介人員約他去看另一幢希臘復古風格農莊。結果這間房子狀況比第一幢農莊稍差，但要價三十二萬美元。看屋完畢開車回去途中，購屋者就宣稱，他打算買第一幢農莊。爲什麼仲介人員曉得，看第二幢類似的房子能發揮臨門一腳的作用呢？

這個案例讓我們聯想到一則故事：午餐時刻，某人詢問餐廳女侍今天有什麼三明治。她答道：「有雞肉沙拉和烤牛肉。」某人選了烤牛肉，此時女侍又加了一句：「我忘了，我們還有鮪魚。」聽了這話，某人改口說：「這樣的話，我要點雞肉沙拉。」

這位顧客更動點餐，其實違反理性選擇理論（rational choice theory）的基本法則，那就是在選擇方案中加入一項較劣的元素，並不致影響選擇的方案。用餐者原本的選擇顯示，他喜好烤牛肉勝過雞肉沙拉，這種偏好並不應該因爲加入鮪魚而有所變動。

可是正如伊塔馬・西蒙森（Itamar Simonson）與特弗斯基指出，⑤這種偏好更動其實相當普遍。面對兩個不易相互比較的選項時，我們往往難以取捨。因爲兩個選項各有優點，讓人擔心選了一個，事後會後悔沒選另一個。西蒙森與特弗斯基認爲，這種情況下引入一個看似不相干的新選項，可能會發揮很大的作用。

前述購屋者在希臘復古風格農莊與維多利亞連幢住宅間難以取捨，可是加入第二幢屋況與價格都較遜色的農莊後，購屋者面對第一幢與第二幢農莊時，完全沒有難以抉擇的問題。第一幢農莊在這一比較下輕易勝出，創造出光環效應，會連帶影響到它與維多利亞連幢住宅之間的比較。

如果根據傳統理性選擇理論，讓客戶去看第二幢農莊只是浪費時間而已，但這招在實務上屢屢奏效。

## 114 爲什麼「維多利亞的祕密」（Vitoria's Secret）常推出價值幾百萬美元、根本沒人會買的鑲珠寶胸罩？

過去十年來，維多利亞的祕密每年耶誕型錄都會主打一款特別昂貴的禮物。這一系列於一九九六年推出，由名模克勞蒂亞·席佛（Claudia Schiffer）展示百萬美元的鑲鑽「奇蹟胸罩」。次年，泰拉·班克斯（Tyra Banks）乘坐一輛全副武裝的汽車，抵達紐約第五大道哈利·溫斯頓（Harry Winston）珠寶店，身上穿的是維多利亞的祕密一九九七年的超級禮物，價值三百萬美元的鑲藍寶與鑽石的胸罩。二〇〇六年的款式由心之火（Hearts On Fire）設計，模特兒是卡洛琳娜·克可娃（Karolina Kurkova），標價爲六百五十萬美元。其實這些鑲珠寶胸罩從未有人買過，爲何維多利亞的祕密還是每年推出一款？

其實該公司根本不指望能賣掉這些胸罩，可是它們不失爲一種高明的噱頭，有助公

**維多利亞的祕密二〇〇六年由心之火設計的鑽石胸罩：六百五十萬美元。**

司其他產品的銷售。鑲珠寶的胸罩持續吸引媒體關注，可讓維多利亞的祕密在潛在顧客間打響品牌知名度。該公司對這種利益想必瞭然於心，所以每年新推出的鑲珠寶胸罩都力求更爲奢華炫目，以維持外界的注意力於不墜。即使沒人買也沒什麼關係，因爲珠寶很容易拆下再利用。

不過鑲珠寶胸罩最主要的效益，恐怕往往爲經濟學者所忽略——如此昂貴的商品列於型錄中，足以更動消費者送禮預算的基準。維多利亞的祕密此舉難免讓人聯想，既然別人可能花上幾百萬美元買胸罩，那麼我花個幾百塊美元也不算浪費吧。我們不難想像，看過前面標價六百五十萬美元的鑽石胸罩，做丈夫的決定訂購該公司一款二百九十八美元的胸罩送老婆，還爲自己的精打細算洋洋得意呢。

## 115 爲什麼有些品牌的冰淇淋只以小容量出售，而有些品牌則是半加侖的大桶包裝？

超市販售的冰淇淋通常品牌與口味相當多樣化，但是特定品牌愛好者卻未必能找到自己喜歡的容量。例如綺色佳最大超市陳列多種口味的布瑞兒（Breyer）冰淇淋，但都是半加侖裝。至於班與傑瑞（Ben & Jerry）同樣有多種口味，但都是一品脫的小包裝。爲何會有這種差異？

班與傑瑞是公認的頂級冰淇淋，一方面是原料與製作方式昂貴，另一方面也由於採購作業講求環保，而且勞資關係和諧。由於成本偏高，售價也就比較貴，一品脫紐約超級軟糖塊口味售價三塊六毛九美元，折合半加侖爲十四塊七毛六美元。相較之下，布瑞兒半加侖薄荷巧克力口味只賣四塊九毛九美元。

資料顯示，消費者在意的不僅是每單位的單價，還有總價。當頂級冰淇淋開始加入市場時，消費者已習慣價格相對偏低的半加侖裝冰淇淋。他們當然也了解班與傑瑞味道更好，價格也比其他牌子高。可是看到一盒冰淇淋標價高達十五美元，心理上難免還是難以適應。班與傑瑞的冰淇淋只以一品脫小盒裝出售，技巧性地避免讓顧客看到會嚇一跳的標價。如果你想大快朵頤一番，多買幾盒就是了。

主要基於簡化的考量，傳統的經濟學模型假設人類都只考量狹隘的自我利益。然而自利固然是重要的動機，但人類還會受其他動機驅使。僅著眼於狹隘的一己利益，很難解釋諸如匿名捐款或總統大選投票等行爲。行爲經濟學告訴我們，如果想了解眞正的經濟選擇，就必須以更微妙的觀點來觀察人類的動機。

道德考量經常在市場交易中留下淸楚的印記，只不過有時方式會出人意料之外。

## 116 爲什麼超級盃（Super Bowl）週末時，主辦城市找不到一間旅館空房？

超級盃堪稱美國年度最大休閒盛事，每年週日開賽前夕，主辦城市的旅館都是全部爆滿。因此我們會推測，在一房難求下，旅館價格應該會高到好幾千美元。但事實上，雖然確實有些旅館在超級盃週末收取較高價格，但每間也很少超過五百美元，大多數的房價則遠低於此。為何主辦城市的旅館不乘機大撈一筆？

旅館不這麼做，看似把現金留在桌上，可是或許有其他合理的解釋。其中之一就是旅館業者沒料到超額需求這麼多，就像某款新車意外暢銷，全然出乎車廠原先定價時的預料。不過這種解釋顯然不適用於主辦超級盃城市的旅館業者，因為房間供不應求幾乎是必然的事，因為年年皆如此，而且賽程也是早就排定的（和職棒世界大賽不同）。

比較合理的解釋是，旅館不願索取太過離譜的價格，引起顧客的反感。⑥不過業者何必擔心這種反應呢？反正就算有人覺得價格離譜而不住，等著空房的客人還是大排長龍，不怕客人不上門。

然而這種乘機撈一票的策略還是可能有些風險。許多客人心有不甘地付出高價，不舒服的感覺揮之不去。這樣的後遺症值得重視，尤其對連鎖旅館而言，除了超級盃前夕，還要考量在其他幾百個城市、其他幾百天的房間銷售。如果二月邁阿密舉辦超級盃時，某人住進當地的希爾頓（Hilton）旅館，而留下被坑的壞印象，那麼三月他出差到聖路易時，也許就不會選擇那裡的希爾頓爲落腳地。

這個理由也可解釋其他領域看似不合理的定價行爲。例如熱門餐廳週末晚間如果仍按平日標準收費，必然桌位難求。可是餐廳也得同時考量非週末時段的生意，避免因爲週末加價讓顧客留下惡劣印象，以後連平日也不願光顧。

## 117 爲何愈來愈多公司把保全工作外包？

每家公司都得決定哪些工作由自己來做，哪些要外包出去。由第三章有關雇用外部管理顧問的例子可知，穩定、持續性的業務通常由企業本身的員工負責，而不定期發生的業務則適合委由外包。可是近年來這一模式發生了變化，屬於前一類型的保全業務外包的情形大增。⑦爲何企業要把例行性的保全事務外包出去呢？

一個可能的解釋是，從事同樣性質的工作，如果待的是業績好的公司，領的薪水就比較高。⑧一家獲利豐厚的公司，如果只支付負責保全的員工基本工資加上微薄的福利，一定被視爲苛待員工。可是同樣的保全人員如果受雇於財務狀況並不寬裕的外包業者，或許就願意接受這種薪資條件。克難經營的獨立外包商支付時薪六美元或許說得過去，但要是ＩＢＭ或谷歌（Google）付給員工這種水準的待遇，一定會被視為極端不公平。由於近年來所得分配不平等的情況日益明顯，各界對這方面的關注只會更形提高。

## 118 為什麼一般人比較會退回收銀員多找的錢，而比較不會退回漏算錢的商品？

根據一項非正式調查，如果百貨公司收銀員多找二十美元，九成受訪者表示會退還店家。可是如果收銀員漏計價值二十美元的燈罩，只有一成受訪者願意退回。為什麼會有兩套不同的誠實標準呢？

哲學家曾指出，行為誠實並非單純源自擔心受罰，也與同情心與罪惡感等道德情感有關。不論多拿了二十美元或一個燈罩，顧客或許都不必擔心受到處罰，可是這兩項行為卻可能引發不同的道德情感。

如果不退還二十美元，到了結帳時，收銀員帳上會短少二十美元，就得自掏腰包填補。收銀員待遇本就微薄，而且想到和自己有過正面接觸的人會因而損失日薪的三分之一，大多數消費者都感到於心不安。

可是不退回漏計的燈罩，後果是讓百貨公司當年獲利少二十美元。相對於公司全年利潤，這樣的損失微不足道，而且還是由所有股東一起分擔，這些人消費者既不認識，也認定他們都應該是有錢人。由道德觀點來說，這些考量都不能構成將燈罩據爲己有的正當理由，不過倒的確能解釋爲何一般人碰到多找錢的情況會比較誠實。

在傳統的經濟學模型中，金錢具有百分之百的替代性。以金錢爲報酬應該優於其他等值報酬，因爲收受者可以依自己喜好自行運用。可是證諸實際情況，一般人往往偏好實物報酬。行爲經濟學家指出，一些限制人們自由運用金錢的因素，有助於我們理解這種偏好的形式的背景。

## 119 爲何紐澤西一家電信公司提供員工免費使用BMW，而不發放等值的現金？

如果企業無法找到或留住稱職的員工，經濟學有個現成的解決方案：提高薪資。不過有些企業卻採取不同的策略，像是紐澤西州無線電信公司阿克網（Arcnet），提供每位任職一年以上的員工一輛「免費」的BMW，希望藉以大幅削減雇用與訓練成本。⑨據指出，好幾家採取類似作法的公司都收到良好成效。

當然，這些車其實並非「免費」。由於每輛車一年的租金加保險費約九千美元，員工在申報個人所得稅時，必須將這筆金額列為所得。因此我們不免覺得困惑：如果公司不提供轎車，而是每年直接多發九千美元現金，那麼應該不致有人吃虧，而且某些人的獲益還可增加。

因爲眞正喜歡以BMW代步的員工，大可用多領的九千美元去租一台；而對BMW興趣不大的人，就可以把這九千美元花在其他方面。那麼爲何企業要提供汽車而不直接發放現金呢？

同樣的問題也出現在親友間尋常的禮物交換。當你確認相同的錢他可以買到他想要的東西，可你爲何還送他可能用不著的領帶？有人或許會回答，送現金太容易，比不上花時間與精力挑選禮物更能顯示誠意。這種講法在小禮物上或許說得通，可是碰到豪華轎車就不免牽強。

比較合理的解釋，應該是經濟學者理察．塞勒（Richard Thaler）提出的說法：最好的禮物往往是我們捨不得買給自己的東西。⑩他問道，爲什麼收到太太送的一千美元的鈦金屬高爾夫球桿組，先生會很高興，即使是由夫妻共有的支票帳戶付款？或許是他眞的很渴望這組球桿，但又覺得不該如此奢侈。由別人替他買回來，可以讓他在沒有罪惡感的負擔下輕鬆揮桿。

對送禮者來說，這種思維可當作選擇禮物的參考依據。以下的小測驗你不妨思考一下：下面各組等值商品中，你認爲何者更適合送給好友做禮物？

・二十美元的澳洲胡桃（一磅）／二十美元的花生（十磅）？

・七十五美元的 Spago 餐廳禮券（午餐一份）／七十五美元的麥當勞禮券（十五份午餐）？

・三十美元的野生米（四磅）／三十美元的班叔叔（Uncle Ben）的改造米（五十磅）？

・六十美元一瓶的 Mondavi Reserve Cabernet（七百五十西西）／六十美元的 Cribari 紅酒（十加侖）？

大多數人應該會認爲，各組中第一項商品比較適合送禮。

同樣的理由應可解釋阿克網等公司爲何提供員工BMW代步。或許你不好意思告訴歷經大蕭條年代的父母，你買了台比豐田Camry貴一倍的車子；或許你擔心左鄰右舍認爲你擺闊；或許你一直想擁有一台BMW，但老婆堅持應先整修廚房。

公司送車可以免除上述種種顧慮。對公司來說，提供所有資深員工一輛豪華轎車，比起另一種也逐漸流行的作法——給予新進人員簽約金——比較不致引發不平的情緒。

難道美國的勞動市場會全面走向實物報酬制？不太可能，因爲阿克網的策略對許多企業根本不適用。例如，漢堡王（Burger King）發覺前檯人手不足時，可能不會動用送車這招，這類非技術勞工的雇主還是會採用行之有年的加薪方式。

不過如果雇用的員工屬於最高階的技術層次，實物報酬的形式可能將逐漸普及。這類公司會不斷遭遇人才短缺的窘境，而一些最值得爭取與挽留的人才，恰好也是對奢侈性新商品感興趣的族群。

隨著潮流變遷，饋贈的物品也會跟著改變，因爲這種策略的成效取決於禮物能否讓受贈者覺得興奮，所以必須視時空狀況而調整。一九九一年約翰·葛里先（John Grisham）的《黑色豪門企業》（*The Firm*）一書中，描述年輕律師獲得一輛全新BMW爲簽約金，讓許多讀者覺得頗爲新鮮，而這種手段直到今天仍然可以吸引媒體注意。只不過等到愈來愈多企業起而模仿，這一招式的力道必然減低，企業必須再行加碼。誰知道或許哪一天，要是拿不出保時捷九一一或 Los Cabos 分時渡假俱樂部這種等級的禮物，那些炙手可熱的顧問或投資銀行家根本不屑一顧呢？

傳統的經濟學模型假設，一般人會設定明確的目標，並且有效率地達成。然而近期行爲經濟學的研究卻顯示，由於期望建立並維繫個人或團體的認同感，人們的選擇相當程度受到心理因素左右。⑪透過這種看法，也可以解釋某些以傳統經濟學模型講不通的選擇行爲。

## 120 爲什麼魔鬼氈（Velcro）的鞋子沒有更爲普及？

瑞士發明家喬治・德・梅斯卓（George de Mestral）一九五五年取得魔鬼氈的專利，在此之前，學習綁鞋帶是兒童必經的一種成年禮。之後魔鬼氈逐漸取代拉鍊、鉤子、帶子等傳統的固定方式，應用日趨普遍。就以鞋子的固定來說，魔鬼氈顯然優於鞋帶，因爲鞋帶容易鬆脫，讓人絆倒或跌跤，而魔鬼氈沒有這種缺點，穿脫也更方便迅速。不過魔鬼氈雖然一度似有全盤取代鞋帶之勢，但到目前爲止，穿魔鬼氈鞋子的成年人比例仍不高。爲什麼鞋帶還是盛行不衰？

魔鬼氈應用在鞋子上，一開始是以小孩或老弱爲主要對象。許多小孩尚未學會綁鞋帶，但有了魔鬼氈，他們可以自己穿鞋，因此童鞋採用魔鬼氈順理成章，受到家長和兒童的歡迎。至於老人的鞋子使用魔鬼氈，主要是健康的考量，顧慮他們腰彎不下來或指關節不靈活，不方便繫鞋帶。

總之，採用魔鬼氈的鞋子容易讓人聯想到能力不足或健康不佳，因此就算使用上有許多勝過鞋帶的好處，但想要完全取代似乎遙遙無期。

## 121 日本神風特攻隊的飛行員爲什麼戴頭盔？

一九四四年，日本軍方眼見戰事節節敗退，開始發動神風特攻隊的攻擊，直接派戰機撞擊美國軍艦。由於機上滿載炸藥，飛行員斷難生還，因此何必還要戴頭盔呢？

一個可能的原因是，還是有些神風特攻隊的成員在任務中生還。另一個原因是，飛機撞擊目標前通常會經過一段劇烈的震動，因此軍方希望飛行員得到適當的保護。不過或許更重要的是，飛行頭盔已成爲飛行員的象徵。神風特攻隊的駕駛是飛行員，而飛行員就該戴頭盔。

不過神風特攻隊的飛行員爲什麼戴頭盔？最有意思的解釋或許是，這種攻擊任務的本意並非讓飛行員自殺，他們的使命乃是以任何可能手段摧毀目標。這經常意味著他們必須穿越敵方密集的火網，更何況只有對準目標衝撞，才可能以機上致命火藥摧毀對手。不過軍方還是希望他們能平安歸來，不論僥倖存活的機率是多麼微乎其微。

## 122 爲什麼美國女裝的尺寸是以數字（二到十四）代表，而男裝卻按實際身材標識？

一九六〇年，腰圍三十四吋、正身長三十三吋的男性到店內買長褲時，可以挑選標有「腰圍：三十四，長度：三十三」的褲子。今天同樣身材的男性挑長褲，用的還是這種方式。可是女裝尺寸的標識——往往是零到十八的偶數——和女性實際的身材並沒有明顯的關聯。而且一九六〇年代適用於某種身材女性的尺碼，現在讓同樣身材的女性穿起來會太大。爲什麼女裝的大小這樣沒有標準可言？

**神風特攻隊飛行員的頭盔：一種身分象徵？**

一九五八年，美國商業部公布女裝尺寸的商業標準。可是店家很快就發現，衣服標上較小的尺碼可以刺激買氣，這種作法就是所謂的虛榮尺碼。由於官方標準和實際尺碼愈差愈遠，商業部於一九八三年宣布廢止。如今的女裝廠商如果不迎合採行虛榮尺碼，大概很難生存下去。許多女性似乎都喜歡尺碼較小的衣服，以滿足自己身材比較苗條的幻想。

可是就算尺碼縮水，女性實際的體態卻一直膨脹。今天美國女性平均比一九六〇年重二十五磅左右，因此女裝尺碼縮小的效果，大致抵消身材膨脹的作用。只要有相當歷史的女裝店都知道，一九六〇年的八號遠比今天的八號小得多。可是今天中等身材女性穿八號，一九六〇年代中等身材的女性穿的也是八號。

男人身材同樣也趨於發福，爲什麼男裝廠商不在尺寸標識上同樣動手腳？看到那麼多男性對植髮趨之若鶩，要說男性沒有虛榮心實在不是合理的答案。可能純粹是因爲男裝傳統上是採用客觀的身材尺寸，廠商比較沒法任意更動。

## 123 爲何大多數百貨公司把男裝部門放在較低樓層，而女裝則往往位於高樓層？

在梅西（Macy's）與布魯明黛爾（Bloomingdale's）等百貨公司，男裝通常在一樓，而女裝大都在最高的三層樓。全球各地的百貨公司也有類似情況。爲什麼百貨業者要把男裝部門放在比較方便的地方？

雖然大多數男性與女性都希望自己在公共場合穿著得體，但一般人認爲，女性更把外表當一回事。無論如何，女性的置裝費比男性高出一倍以，顯示她們對買衣服比男人更看重。因此很少女性會因爲女裝部門設在較高樓層，就懶得搭電梯上去。

反之，即使只是些許不便，就足以讓不少男人對男裝部門卻步。畢竟大多數男人都不會覺得自己真的需要一套新衣服，如果買衣服沒那麼方便，他們並不介意延後。

男裝部設在一樓還有個好處，女性經過時，可能會順道替先生買雙襪子或幾件襯衫。男人卻很少會替太太買衣服，因此女裝部門在一樓，店家就享受不到這種額外採購的好處。

## 124 爲什麼棒球教練也穿球隊制服？

在各類職業球隊中，只有棒球教練會穿和球員相同的制服。NBA的籃球教練通常穿西裝、打領帶，NHL的曲棍球教練也是這樣打扮。至於NFL的美式足球教練往往穿羊毛衫、戴棒球帽。爲什麼只有棒球教練穿球隊制服？

如果球迷還記得，芝加哥小熊隊前教練唐恩・濟瑪（Don Zimmer）蹣跚步向投手丘，向投手耳提面命的畫面，應該不至於認爲答案是棒球制服適合中年人臃腫的身材吧？

比較可能的答案是，棒球成爲有組織的職業運動，歷史遠比籃球、橄欖球與曲棍球來得早。由於無前例可循，所以沒人認爲教練該和選手穿得不一樣，而且早期的制服相當寬鬆，足可掩飾變形走樣的身材。

穿制服的教練：爲什麼只有棒球隊？

再者，棒球不是耗氧量高的運動，所以球員身材明顯超重者不在少數，因此臃腫的教練身著球隊制服，不會像籃球隊裡那麼突兀。再者，比起其他運動，棒球教練需要進入球場的頻率頗高，例如走上投手丘更換投手，而西裝革履顯然與這種場合不搭調。最後，不少教練早年也是活躍的棒球選手，所以穿著制服也相當自然。

不過最簡單的理解方式，就是想像一下其他運動的教練如果穿上球隊制服會是什麼模樣。好比說，要是休士頓火箭隊（Houston Rockets）的傑夫・范・甘迪（Jeff Van Gundy）穿著運動衫或緊身背心，或是美式足球教練比爾・帕塞爾斯（Bill Parcells）穿著墊肩與貼身燈籠褲，還是泰德・諾蘭（Ted Nolan）身穿紐約島人（New York Islanders）的全套美式足球配備。棒球制服或許不能替中年男性的體型遮醜，但起碼棒球教練穿上球隊制服，看起來還不至於像其他球類教練穿上制服那麼滑稽。

下面幾個例子所涉及的一項原則，許多企業老闆早已瞭然於心，但不少經濟學者卻才開始略窺堂奧——只要稍稍運用有關人性心理的常識，就能爲企業營收帶來顯著成效。

## 125 爲何標靶（Target）百貨會如此賣力促銷店內藥局的處方藥品？

標靶百貨販售的商品種類繁多，不少會被刻意宣傳與促銷，尤以店內藥局的處方藥品特別受重視。標靶有新店開張，都會大量發送促銷折價券，其中不少與藥品有關（「持處方箋到標靶藥局領藥，下次購買可折價十美元」）。這樣做的原因何在？

顧客把處方箋送進藥局，幸運的話可能只須等候五分鐘，可是如果碰上領藥的人爲數眾多，也有可能得耗上二十分鐘或更久。理性的顧客早料到這點，常會帶些書報雜誌打發時間。不過標靶的主管好像料定，大部分顧客沒有那麼深謀遠慮，也了解他們不耐枯坐等候。眼看近在咫尺就是成列誘人的商品，這些顧客大概都會在店內閒逛一番。吸引更多顧客上藥局，其實是誘發他們購買其他商品的有效招式。

第六章有幾個例子談到法律與管制措施如何調和個人與群體之間的衝突。另一項可行的策略是由群體採行適當的社會規範，讓個人與團體的誘因取得平衡。如果候車者人數眾多，公車座位容納不下，爭先恐後很容易引發衝突，問題是不管怎麼搶，座位就是那麼多。大英國協國家爲此採用了先到先坐的規範，按照排隊先後次序就座。

這樣的規範有助於提升效率與維持社會和諧。不過本章最後一個案例顯示，先來後到的規範有時也可能造成不盡理想的後果。

## 126 爲什麼禮讓來車的作法有時會影響單線通行橋樑的行車效率？

紐約州綺色佳有幾座單線行車的橋樑，先到先行的社會規範已行之有年，成爲過橋車輛遵循的準則。在這種規範下，如果對向已先有車輛等在橋頭，你就不應該上橋。如此一來，才不致因爲某一方向上橋車流不斷，讓另一頭的車輛得長時間等待。在我們前面舉過的例子中，勸人自我克制的社會規範，通常都能發揮提高效率的作用，但在這個案例中，禮讓卻往往帶來比較沒效率的後果。那麼車主爲何遵循這一規範呢？

首先，設想沒有任何規範之下，橋上交通會是什麼狀況？假使一位駕駛到達北端橋頭時，看到對向沒有車子，於是開車上橋。不到一秒時間，橋南端駛來的第二輛車，眼看已有車輛上橋，於是原地等待，畢竟此時搶著上橋是不智之舉，對向的兩輛車總得有一輛要退回橋頭。

開過這座橋需要三十秒，然而第一輛車才上橋十秒，第三輛車抵達橋的北端，然後上了橋。這時南端的第二輛車只能繼續等待。如果北端在間隔不到三十秒內陸續有車輛上橋，那麼第二輛車要等待的時間勢必拖長。在交通流量大的時段，南端車輛也許得等上好幾個小時。

爲杜絕這種不公平的現象，綺色佳的社會規範要求駕駛人，過橋時應遵守雙向先來後到的順序。因此在上述情況下，第三輛車應等第二輛車過橋之後才能開上橋。這種時候就有賴駕駛人的自制，因爲第三輛車如果趁第一輛車還在橋上時偷跑，第二輛車的駕駛人也毫無辦法，只能等第三輛車過橋（或許還有陸續跟在後面上橋的車）。

這一規範的效果如何？如果雙向交通都很繁忙，所有車輛加總的等待時間反而會比沒規範時更長。

假設南北兩個方向各有十輛車組成的車隊，每車間隔十秒，而北向車隊的第一輛車比南向車隊稍早抵達橋頭。如果不遵守先來後到的規範，後面九輛車跟著一起過橋，那麼南向車隊的十輛車就得等北向車隊全部走完後才能過橋。這時北向車隊沒有任何等待時間，至於南向車隊，如果你拿起紙筆計算一下，總共的等待時間是十二分三十秒。⑫

反之，如果所有車輛都謹守先來後到原則，那麼先上橋的是第一輛北向車，接著是

先來先上橋：未必是有效率的規範。

第一輛南向車，然後是第二輛北向車、第二車輛南向車……如果你有耐心計算一下，可以發現總共等待時間變成八十分鐘⑬——北向車隊爲三十七・五分鐘，南向車隊爲四十二・五分鐘——足足是沒有規範時的六倍多。

先來後到不但大幅增加等待時間，也會讓各輛車的等待時間分配不均。不過這種問題只有在交通相當繁忙時才會變得嚴重，幸好，綺色佳倒很少有這種狀況。

雖然，先開到先上橋的規範有缺點，但施行起來可以行之久遠。每輛車過橋之後，駕駛照例會向對面第一部等待的車主致意，感謝他沒趁著前車還在橋上時搶先通過。

# 10 兩性關係的非正式市場

## 愛情經濟學

雖然兩性關係大致爲感情因素所左右，但並不代表其中沒有經濟考量可言，個人的財富和吸引力之間的關聯就是一例。人人都希望住在治安好、學區好的社區，可是低所得者大概很難辦到。因此詢問女性受訪者哪些男性特質最有吸引力時，會賺錢不是榜首就是名列前茅，對此經濟學家可絲毫不感驚訝。

史考特・費茲傑羅（Scott Fitzgerald）的小說《大亨小傳》（*The Great Gatsby*）中，男主角詹姆斯・蓋茲（James Gatz）自知身世卑微，難以贏得心儀的黛西青睞，所以更名爲傑伊・蓋茲比（Jay Gatsby），一心一意追求最大的物質財富。

亞當・斯密的補償性工資差異（見第三章），有助於我們了解蓋茲比用什麼方式獲得成功。這一理論認爲，工作愈是讓人覺得不舒服或是愈危險，報酬就愈高。能幹的人如果願意接受某些道德上有問題的職務，往往可以拿到超高水準的報酬。蓋茲比很清楚，想達到自己的目標，就沒有謹慎怕事的餘地。

費茲傑羅並未明確點出蓋茲比如何累積起財富，可是讀者都看得出來，那不但不道德，而且絕對是非法勾當。蓋茲比何嘗不知，一旦給抓到接受法律制裁，他的美夢也將破滅，可是不鋌而走險，他註定不會成功。

經濟學者認爲，社會關係這種非正式市場也同樣適用供需法則，本章的例子就可以證明此一觀點。當然這並不意味著經濟學者主張，選擇婚姻伴侶時愛情無關緊要。就算明顯抱持「貧賤夫妻百事哀」婚姻觀的費茲傑羅，據說也曾勸告友人別爲金錢而結婚。他的忠告是：「想辦法發財，然後爲愛結婚。」

雖然地球上的六十億人千差萬別，但對未來結婚對象的特質，似乎偏好頗爲雷同。各文化之間容或有所差異，但也有驚人的重合之處。例如很多人都希望另一半仁慈、誠實、忠誠、健康、聰明、外表漂亮等等。女性通常覺得會賺錢的男人有吸引力，①但男性一直不把會賺錢列爲女人是否有魅力的條件，只不過這種情況在美國近年的調查中已經發生轉變。②

在婚姻伴侶市場，參與者的購買力就是個人具備的某些特質。爲方便討論，通常以個人特質的加權平均值來衡量其購買力，給予一到十的分數，分數愈高代表條件愈好。假設每個人都選擇「願意和你結婚者中條件最佳者」，那麼最後的結果應該是十分和十分者配成一對，九分和九分者配成一對，以此類推。

當然，這麼來看婚姻對象的選擇少了幾分羅曼蒂克，不過倒是可以讓我們對人類的某些求偶行爲另有一層認識。

## 127 爲何初婚平均年齡會延後？

一九六〇年代，美國男性初婚平均年齡爲二十二・八歲，女性爲二十・三歲；到了二〇〇四年，分別提高爲二十七・四歲與二十五・八歲。③其他國家也有類似趨勢，例如澳洲二〇〇一年男女初婚平均年齡爲二十八・七歲與二十六・九歲，而一九七〇年則爲二十三・四歲與二十一・一歲。④爲什麼現在一般人不想那麼早結婚？

原因之一是接受高等教育的機會隨著所得提高而增加，同時找工作時對學歷的要求也提高。例如一百年前，有張高中文憑就有機會擔任銀行員，但今天起碼得大學畢業。加之就業市場競爭日益激烈，也使得學業成績與其他在校表現對事業前途的影響加大。

基於這些考量，年紀輕輕就結婚的機會成本也日益提高。結婚後要繼續大學課業比較困難，有了小孩更是難上加難。至於你找的對象是否會賺錢，也不太容易像過去能那麼早就下定論。

傳統上，早結婚的好處是不必擔心理想的對象給別人搶走，不過現在這種顧慮比較不存在。隨著所得、教育與移動性提高，條件好的適婚對象逐漸增多，因此錯失理想對象的機會成本也沒那麼高。

早婚的另一個好處是能趁身強體壯時生養子女。不過隨著人類健康與壽命的提升，這項優點也逐漸消失。

簡單來說，早婚的成本日益增加，好處卻日漸減少，或許這就是平均初婚年齡會持續提高的原因。

## 128 爲什麼已經有對象的人要另找對象比較容易？

一位年輕男子與一位美貌女子交往甚密，但維持純柏拉圖式友誼。有天晚上，女子邀他到酒吧，還說：「今天我會幫你找到理想對象。」兩人到了酒吧後，女子表現出異乎尋常的體貼。當著其他客人的面，她輕撫他的手臂，癡癡凝視他的眼睛，還不時在耳邊說悄悄話。不久後她告退，約好第二天一起喝咖啡。她才一離開酒吧，立刻有幾位漂亮美眉前來搭訕，讓他驚訝不已。爲什麼這些女性會突然對他感興趣？

第二天喝咖啡時，聽到他描述的艷遇，她一點也不吃驚，還說：「這早在我意料中。」她的解釋如下：「單憑外表很難評斷一個人是否爲理想的對象。」酒吧內其他女孩子知道，漂亮的女性通常很搶手，而她這麼出色的女人會對這位顯然交往親密的男子如此在意，應該足以證明他是個理想的對象。

這位男子認爲此事印證了《聖經．馬太福音》的說法：「因爲凡有的，還要加給他，叫他有餘。」（第二十五章二十九節）或是如有句俗語所說：「不雨則已，一雨傾盆。」

## 129 爲何害羞往往被視爲一種吸引人的特質？

適婚年齡的男女通常得經過相當漫長的過程，才能碰到合適的人選。他們不斷上夜店、參加俱樂部、上健身房、出席宗教活動、拜託親友協助、尋求婚友服務等等，只是一旦遇上看來條件不錯的對象，如果對方表現得過於積極，他們反而常會排斥。爲什麼尋覓終生伴侶時，一般人偏好態度較保守害羞型的對象？

已故的葛魯丘・馬可斯（Groucho Marx）有句名言，他不會想加入任何願意接納他的俱樂部。如果你在兩性關係上也抱持這種心態，一定會嘗到失敗的結果。不過馬可斯這句話的確說中一些道理。

前面提過，一般人都希望另一半仁慈、聰明、健康、誠實、情緒穩定、外表漂亮。不過這些特質有些容易從外在觀察出來，有些則否。各項條件都優秀的人，一定成爲搶手貨，因此擇偶的態度應該不會急躁。但如果隱藏有某些外人不易察覺、但自己心知肚明的毛病，情況就不同了。這種人很可能在感情之路上受過不少挫折，所以難掩急切的心態。

因此最後結論是，一定程度的害羞是吸引人的特質。知道自己有魅力的人，很少迫不及待地鎖定結婚對象。

130 爲何住在鄉村地區的人比都市人早婚？

以鄉村爲主的西維吉尼亞州，二〇〇〇年至二〇〇三年的男女初婚年齡分別爲二十五・九歲與二十三・九歲。⑤相形之下，以都市或城郊爲主的紐澤西，男女初婚年齡分別爲二十八・六歲與二十六・四歲。爲何鄉村地區的人比較早婚？

早婚要付出的成本之一，就是比較可能離婚。不論都市或鄉村，如果延後結婚時間，婚姻比較能維繫長久。可是我們也知道，對整體有利的選擇，個人未必認同。假如遇到理想的對象，除了考量延後結婚的好處，也得想到可能的風險——尤其是可能有人横刀奪愛。

雖然天下沒有一模一樣的人，但就算錯失理想對象，在大都市衆多單身男女中，總是比較容易覓得替代人選。不過在鄉村地區，一旦與理想對象失之交臂，想再找各項條件一樣好的人，大概就沒那麼容易。

鄉村地區的早婚現象，或許也是個人與群體誘因相互衝突的又一例。雖然較晚結婚對所有人都有好處，但就個人而言，或許還是會選擇把握首次出現的良機。

另一項相關的因素，就是鄉村地區的教育水準往往較低，也較缺乏需要耗費時日發展的事業，因此晚婚的考量之一——比較能判定結婚對象未來的事業成就——在鄉村地區也就不那麼重要。

兩性關係市場的經濟學模型不僅適用於求偶行爲，其他如社會對婚姻的規範，乃至個人是否維繫婚姻的決定，也都可以由這種方式加以解析。

### 131 一般認爲一夫多妻制有利男性而對女性不利，但爲何男性主導的社會卻明令禁止？

許多人認爲，只要不對他人造成無法接受的傷害，成年人應有自由做自己喜歡的事。問題是，什麼是無法接受的傷害？HBO電視劇《三棲大丈夫》（*Big Love*）描述鹽湖城一個虛構的一夫多妻家庭，引發社會對這個問題的討論熱潮。

劇中三位女主角芭柏、妮基與瑪珍共事一夫，而這位成功的生意人比爾・韓瑞克森的財力供養一大家人綽綽有餘。這種行爲是否對他人造成無法接受的傷害，而應該遭到禁止？如果答案是肯定的，那麼究竟誰是受害人？又受到什麼傷害？兩性關係市場的經濟學模型對此倒是可以提出一些有趣的看法。

反對一夫多妻制的傳統論點，主要是認為有損女性權益，尤其是涉世未深的年輕女孩很容易上當。其實不論一夫多妻或一夫一妻，任何婚姻只要涉及脅迫，都應該予以禁止。可是成熟的女性基於自由意志而選擇一夫多妻，就代表她們樂於接受這種婚姻制度。因此如果主張一夫多妻會傷害女性，那麼受害的應該是贊成一夫一妻的女性。

談到這種女性可能受到的傷害，有些相當顯而易見。假設在一夫一妻制度下，芭柏的最佳選擇應該是嫁給比爾，而他也會選擇和她結婚。可是如果容許一夫多妻，比爾除了芭柏之外，也想娶妮基與瑪珍。此時芭柏只有兩種不盡理想的選擇：另找一夫一妻的對象，或是委屈與另外兩個女人分享丈夫。

雖然一夫多妻制可能有損部分女性的婚姻選擇，可是並不表示會對一般女性造成無法接受的傷害。假設一夫多妻制合法化之後，有一成男性會娶三個老婆，其他仍是一夫一妻的婚姻。這麼一來，在男女比例相當的社會中，剩下的適婚男女比率為九比七。既然一夫一妻婚姻對象市場中男性有過剩現象，女性的身價也就水漲船高，像是妻子可以要求少做點家事，結婚時女方也可免掉嫁妝。

那麼男性方面又如何？一夫多妻顯然可造福部分男性。畢竟有些男人喜歡像電視劇裡的比爾那樣享受齊人之福，也具備這樣的條件。

希望一夫一妻的男性會受到什麼影響呢？前面提過，允許男人娶一個以上老婆，會造成兩性比率失衡。女性變得奇貨可居，會讓男性在兩性關係市場處於相當不利的地位(就像中國殺女嬰風氣造成的後果)。許多男人根本找不到結婚對象。

簡言之，供需定律完全顛覆傳統上對一夫多妻的看法：如果說這種制度造成傷害，那麼受害人應該是男性，而不是女性。

要是考量適婚女性物以稀爲貴，男性爲博取她們青睞必須使出種種昂貴、但只有相互抵銷作用的手段，就會更爲強化上述結論。如果女性長期供不應求，那麼男性勢將承受更大壓力，賣力地爭取經濟優勢，還得鍛鍊健美的腹肌，也可能有更多男性借重整型。結婚戒指愈挑愈名貴，情人節的花束也得由一打玫瑰加碼到兩打。可是不論每位男性如何各顯神通，終究有一定數目的人註定找不到結婚對象。

姑不論禁止一夫多妻的法律是否另有其他目的，至少可收到控制這種昂貴軍備競賽的效果，讓男人的日子好過點。或許這就是男性主導的法律爲何採取這種立場的理由。

## 132 爲什麼許多軍人的婚姻在十年後告終？

根據一項早年的研究，離婚率在婚後第三年達到高峰，此後一直到第七年呈急速下降，接下來就較平緩地下滑。⑥可是根據軍人間流行的說法，夫妻一方是軍人的婚姻，第十一年的離婚率特別高。兩者之間爲何會有這種差異？

一個可能的解釋與「軍人前配偶保障法」的規定有關，那就是只要與現役軍人結婚十年以上，離婚後還是可領取對方退休年金的一定比例，而且直接由軍方單位支付。⑦也就是說，只要等到十年後再離婚，就不必費事地在離婚時向對方爭取年金的權利。

結婚對象的非正式市場研究甚至影響我們所觀察到的模式，以及特質與偏好如何影響著人們的抉擇。

## 133 爲什麼長得漂亮的人平均來說也比較聰明？

根據研究結果，外貌動人者在別人眼中往往也比較聰明。我們也常看到，長得好看的小孩學校成績常常比較好。雖然有人認爲這是老師偏心所致，但透過對兩性關係非正式市場的研究，卻發現好看的小孩可能眞的比較聰明。

例如演化心理學者金澤智（Satoshi Kanazawa）與裘蒂・柯娃（Jody Kovar）曾對以下四項論點，提出有力的證據：一、較聰明的男人往往獲得較高的社會地位與所得。二、男性通常認爲外型漂亮的女性是較理想的結婚對象。三、女性通常認爲社會地位與所得高的男性是較理想的結婚對象。四、聰明與美貌都有相當高遺傳性。如果前三項論點均可成立，那麼漂亮的女人與有錢男人結爲連理的機率會高於平均水準。再加上外貌與智力都會遺傳，因此這種組合所生下的小孩，往往在兩方面都超出平均水準。⑧

簡言之，根據兩性關係非正式市場的原理，我們倒不覺得美貌與頭腦可以兼得的論點有什麼離譜之處。

## 134 爲什麼比起喜歡金髮女性的男人，喜歡褐髮女性的男人往往能娶到比較溫柔、健康、美麗又聰明的女人？

一般人認爲男性比較喜歡金髮女人，許多西方國家調查結果也證實這種看法。⑨那麼男人有什麼理由會選上褐髮女性？

在結婚對象的非正式市場中，每個男人的購買力取決於市場對於他個人特質組合的評價高低，而這個評價分數至少短期內是固定的。根據此一模型，某一特定評價分數的男性，最終會與評價分數接近的女性配對。九分的男人就算想娶十分的女人，但對方通常會有更好的對象，因此到頭來，九分的男人通常娶的是九分的女人。

不論男女兩性，九分都代表多項個人特質的不同組合，某項特質分數偏高，就意味著其他項目的分數較低。和九分的褐髮女性相比，九分的金髮女性如果在外貌分數上占便宜，就表示她在其他特質上的得分較爲遜色，也就是在健康、智力、脾氣，乃至髮色之外的外型上，反而不及褐髮女性。因此如果男人喜歡以褐髮女性爲對象，顯然有相當的道理。

## 135 如果漂亮的人比較聰明，而金髮女性又往往被認爲最有吸引力，爲什麼有關愚蠢金髮美女的笑話那麼多？

稍微上網一查，很容易就可找到一籮筐愚蠢金髮美女的笑話，例如：半夜兩點電話鈴響起，金髮的太太接起來聽了一陣子，然後回答說：「我怎麼會知道？離這裡有兩百哩遠呢！」然後就掛斷。先生問是怎麼回事，她答道：「我也不清楚，有個女人想知道海岸是不是淨空了（if the coast is clear，即旁邊無人之意）。」

這些笑話似乎與我們提過的經濟學理論不符，因為前面提過，男人認為金髮女性比褐髮女性更動人，而且有證據顯示，外貌出色的人通常智力也高於平均水準。那麼為什麼那麼多笑話講的都是愚蠢的金髮美女？

在別人眼中你有多聰明，並非單純取決於天生的智力，也與你如何透過教育訓練投資來培養自己有關。不過要在教育訓練上投資多少，得看這種投資相較於其他投資的報酬如何。如果金髮女性的確在外貌上占優勢，她們可能單憑這點就獲得較佳的機會，也就毋須在教育上投資太多。

因此金髮美女之所以會被認為腦袋不靈光，主要可能無關乎先天的智力，而是教育投資較少，但對她們而言，這也是合理的選擇。當然另一個可能，就是這些笑話是滿懷嫉妒的棕髮女性空閒時編造出來的，用以一吐心中怨氣。

有些評論者認爲，經濟學家這種冷冰冰的兩性關係市場模型忽略許多重要元素。這種批評有相當的道理，因爲經濟學模型雖然有助於解釋特定的求偶模式，但卻未考量美滿婚姻中的相互承諾，而這項不可或缺的要素基本上與物質條件無關。

和房東打過交道的人都知道，雙邊關係中的承諾是怎麼回事。假設你剛搬到新城市，想找間房子住。如果在洛杉磯或其他大都會，你不可能一一訪查幾千間待租的房子，所以大概會先瀏覽相關資料，找出幾間實地勘察一下，大致了解行情——如租金、公共設施、地點等你所關心的事項。進展到下一個階段，你會找出一間各方面都讓你很滿意的房子，因而決定就此打住。你當然也**知道**，一定還有比這更理想的房子，可是時間寶貴，你還有其他的事要做。

這麼決定之後，接下來的要務就是和屋主談好條件。你可不希望搬進去才一個月就得搬家，讓新買的窗簾、掛好的畫作、裝好的線路等等不知如何處理。如果被迫搬走，不但這些投資受損，你還得費事重新再找房子。

其實房東也希望你能居住較長時間，因為出租房子是件麻煩又花錢的事。刊登廣告並接待過一些有意承租者看房之後，他決定你是其中最佳人選。

結果是，雖然你知道還有更好的房子，而你的房東也知道還有更好的房客，可是你們雙方都認為，就此相互承諾對彼此都有利。標準的作法是簽定租約，以防任何一方事後發現更好的選擇而反悔。如果你提前搬走，仍須支付租約期間的房租；房東如果要求你提前搬家，依租約你可以拒絕。

簽定租約讓雙方得以相互承諾，而有了這層保障，同樣的房子房客願意支付較高的租金，而房東則願意接受較低的租金。要是沒有租約的保障，許多交易將無法完成。雖然可能因而喪失更有利的選擇機會，但這正是訂約時雙方的本意所在。

尋找婚姻伴侶時，其實你碰到的也是類似的承諾問題。你不想隨隨便便，希望找到適當的人選。經過一陣子約會，你覺得自己對未來的對象可描繪出相當清晰的輪廓——包括性情、價值觀、文化與休閒興趣、社會與專業技能等等。在你遇到的對象中，有一個人特別吸引你，對方對你也有相同感受。你們都希望進一步交往，認眞培養彼此的關係。你們想結婚，買幢房子，然後生小孩。不過，除非雙方都預期這段關係能持續相當時間，否則你們上面種種努力就沒什麼意義。

但萬一出了什麼差錯呢？不論另一半理想的對象是什麼模樣，反正你知道這世上一定有人比你更接近這個理想。如果眼前突然出現這樣的人呢？或是你們兩人之中有人忽然得了重病？正如房東與房客間的承諾對彼此有利，婚姻的伴侶間亦復如此。

婚姻契約是達成雙方所希望承諾的一種方式。不過進一步思考，我們認爲要確定這種承諾，靠法律合約並非最合適。就算法律禁令再嚴，也只能迫使人們勉強留在早想離開的配偶身邊而已。可是在這種基礎上結合的婚姻，其實很難符合雙方原本希望達到的目的。

如果法律契約能再加上彼此的感情，承諾就更爲穩固。我們常常看到，就算出現更溫柔、更有錢、更迷人或更漂亮的潛在新對象，許多婚姻也不致因而變質。對配偶有深厚感情的人不會想追求新的機會，即使第三者的客觀條件可能更優越。

這並不是說有了感情的承諾就萬無一失。有誰聽到老婆今晚要與喬治・克隆尼（George Clooney）共進晚餐，或是老公要與史卡莉・喬漢森（Scarlett Johansson）喝一杯，仍然可以若無其事？還好夫妻之間的感情承諾就算不能百分之百保險，至少碰到類似考驗時，可以讓他們不致太過操心。

這裡要強調的是，雖然這種感情承諾可能讓你錯失更理想的對象，但也有重要的利益。[10]在冷冰冰的成本—效益計算中，對配偶的感情承諾其實有相當的價值，一個簡單的例子就是可以增加對健身活動的投資。不過說來也很弔詭，當感情承諾讓人不再由成本—效益角度來思考夫妻關係時，反倒最能發揮它的作用。

資料顯示，婚姻關係中斤斤計較得失的人，滿意程度偏低；[11]而某些心理治療人員建議求助者由成本—效益角度看待感情問題，效果往往適得其反。或許從人類演化的方向來說，我們本來就不宜從這種觀點來思考兩性關係。

# 11　兩份學生作業

開始撰寫本書時，我面臨一項困難的抉擇，那就是書中大部分例子均出自學生的作業，我到底該修改到怎樣的程度？雖然許多學生提出的問題很有趣，但答案卻說明得不夠清楚，也未必合乎經濟學理論。如果要把這些問題納入，我勢必得修訂一番。

還有不少作業提出的問題相當有趣，而且解說清晰，文筆也有特色。然而考量整本書應有統一的文字風格，以便讀者閱讀，最後我仍不得不忍痛割愛，把所有問題的答案重新寫過。不過我得承認，某些改寫對學生的原作未必公平，爲此我要致上誠摯的歉意。

爲了讓讀者一窺原作的精彩風貌，以下我選出兩篇爲代表，而且幾乎一字未改：

## 136 爲何保護動物運動人士將矛頭指向穿皮草的女性，卻放過穿皮夾克的機車騎士？

這個問題有幾種合乎邏輯的解釋，這裡只探討其中三種。第一個理由最明顯不過，和年長女性作對，而不去惹剽悍的騎士，是著眼於體型和演化的因素。其次則是考量製作一件皮草外套與夾克使用的動物數量。而第三個解釋則由成本—效益分析來檢驗保護動物人士的行爲，他們付出的成本是得罪一些人，但同時也能贏得另一些人對他們理念的認同。

由演化的角度思考這一問題，保護動物人士鎖定穿皮草女性爲目標，優點相當顯而易見。潑紅漆到貴婦的皮草大衣上，充其量不過被她們揮動皮包痛打幾下，而且年輕又身手矯健的保護動物人士不難輕鬆躲過。但另一方面，設想保護動物人士潑紅漆的對象是身著皮衣的機車騎士，那麼給追著跑或甚至被拳打腳踢還算走運，弄不好可能遭到騎士或他的朋友亮出武器對付。因此我們由演化觀點很容易看出，兩類保護動物人士中，以皮草爲抗議對象者顯然占了優勢。那麼我們是否可以推論，恃強凌弱乃是保護動物人士與生俱有或逐漸形成的特質？雖然這種推論有一定的道理，不過我認爲太過簡化。

或許由保護動物人士看來，在時間與資源有限下，應把目標鎖定對動物危害最大的群體。依循此種思路，要縫製一件皮草外套，需要好幾隻貂、白鼬或狐狸的毛皮，而一件皮夾克大概只要一頭牛就可搞定。因此鎖定穿著皮草者，捍衛的是好幾隻動物的性命，而因皮夾克犧牲的只有一隻。所以保護動物人士或許認爲，瞄準皮草比較能善用他們有限的資源。不過這種推論有個漏洞，那就是由個別皮草穿著者看來，當然要爲較多動物的死亡負責，但若著眼於整個社會，人類爲製作皮衣而宰殺的牛隻數目，遠遠超過貂和狐狸。因此如果希望以有限資源抗議殘害動物的行徑，保護動物人士的目標更應該鎖定爲數較多的皮衣族群。

最後，我想對保護動物人士的動機提出幾個不同的揣測。假設他們的動機是爭取更多人的認同，而要付出的成本則是得罪他們鎖定的對象，那麼他們的目標就應該是以最低的成本贏得最多人的認同。首先，我們看到穿皮草的人通常是有錢也有點年紀的女性，皮草又往往被視爲奢侈性消費，犧牲的還是可愛的小動物，當然比較容易激起同情心。鎖定穿著皮草者不致得罪很多人，而且這些人即使因抗議行動而受害，也得不到多少同情，反倒是爲製作皮草而喪命的動物比較惹人心疼。

再談穿皮夾克的機車騎士。表面上來看，他們同樣得不到多少同情。沒錯，如果被保護動物人士鎖定爲目標，他們的形象可能遭到扭曲，被醜化爲如同鬥獸場中殺害基督徒的獅子。但除此之外，這些騎士們究竟是怎樣的人，好比說，他們在國慶日做些什麼呢？他們會成群結隊騎著機車到一個定點集合，一起烤肉、喝啤酒，天黑後放放煙火。除了成群結隊騎機車之外，他們在國慶日做的事和你我並沒什麼不同。因此鎖定機車騎士爲杯葛對象，很可能爭取不到多少認同者，反倒拉遠與更多人的距離。衣櫥裡有件皮草大衣的人不多，可是大多數人就算沒有皮夾克，至少也有皮鞋或皮帶，更別說是吃牛肉了。因此保護動物人士瞄準穿著皮草者，背後的原因應與恃強凌弱或演化法則無關，而是爲了以最有效的方式吸引最多的認同者。

## 137 電影特效是否可能導致全球最佳武術指導退出市場？

一九九九年之前，袁和平在美國還是個沒沒無聞的動作指導，連一些見多識廣的人士也不認得他。直到《駭客任務》（*The Matrix*）與《臥虎藏龍》的凌空打鬥風靡一時，他的邀約才開始應接不暇。在此同時，公認全球最佳動作指導，曾經參與《赤膽豪情》（*Rob Roy*）、《危險關係》（*Dangerous Liaisons*）、《絕世英豪》（*The Count of Monte

*Christo*)、《三劍客》(*The Three Musketeers*)(一九七四)等片的威廉・霍布斯(William Hobbs)卻始終如一。他拒絕納入不符時代背景的武打招式，因此他的打鬥場面一向以忠於史實而在同行與愛好者之間享有盛名。相較之下，袁和平大量運用吊鋼絲的快速輕功，很難反映貨眞價實的武打技巧。

袁和平炫人耳目的打鬥類似電玩場景，引發不少爭議。這些缺少本事的張力段落，和霍布斯有血有肉、飽含情感的衝突不可同日而語，但卻適合剪接成絕佳的預告片和宣傳片。因此袁和平成爲家喻戶曉的人物，在贏家全拿的動作指導市場一枝獨秀。不過袁和平式奇幻打鬥付出的代價很高：首先，懂得欣賞霍布斯這類眞正技巧的人變少；其次其他電影也跟著加快打鬥速度，使用更多鋼絲，競相以更聳動的場景吸引觀眾。連向來標榜眞功夫的成龍，在近期作品中也吊起鋼絲，而不再完全憑藉自己那看似不可能但又眞實不過的身手。其實讓觀眾目睹人類在速度、講故事與特技上能達到怎樣的極限，不但可激動人心，也具有教育價值。數位特效與吊鋼絲的普及，削弱我們對天賦異稟者發自內心的崇拜，也加深現實與銀幕場景之間的鴻溝。然而在這個贏家全拿的市場中，優勝者的獲利驚人，相較之下，與現實再脫節一步在他們眼裡也就顯得微不足道。但就算影片中的輕功能從沿著牆壁走上三步進展到三十步，對社會整體而言也沒什麼額外的好處。就袁和平（或他的任何同行）個人來說，這種成本他不需要考慮，至於霍布斯與成龍因爲他的加入而受到打擊，也不是他關心的事。這樣發展下去，贏家全拿的市場會出現「過多競爭者」，不但對社會沒有任何好處，反而可能因特效的重要性勝過苦練與才華，讓社會負擔更多的成本。

# 最後幾句話

讀到這裡，你應該已經在經濟自然學家的道路上跨出一大步。你可能和親友討論過書裡的一些例子，而且從每次的討論中，對其中涉及的經濟學原理應該有更深一層的認識。

在盲人世界，獨眼龍可以稱王。我在導論中提到，即使大學修過經濟學的人，通常也不懂得運用基本的經濟學原理，因此相較之下，你應該已經能算是經濟學的專家了。

或許你也會開始由日常生活中，觀察到全新的細節與模式。你可能已經在購物時發現一大堆折扣障礙的例子。如果你想挑戰一項艱難的任務，不妨試試能否在市面上找到任何產品，即使對願意克服特定障礙的買家也完全不提供任何折扣。這種產品的確有，但相當罕見。在設法找出這類產品時，你一定也會發現許多從前不曾察覺到的有趣障礙。

現在如果有朋友問你，爲什麼那麼多店家會在每年一月舉行床單和毛巾大拍賣？你可能有辦法拼湊出一個說得過去的答案。你可以向他解釋，打折能吸引原本不會買的顧客，增加銷售量，不過店家又不希望折扣優待讓原本並不在意價格的顧客跟著沾光。你會告訴朋友，對顧客而言，這種一月的床單毛巾大拍賣有兩項障礙待克服。首先，必須想辦法找出拍賣開始的時間；其次，必須有足夠的耐性，把採購行動延後到那個時候。你還會告訴朋友，這些障礙眞的能發揮效果，因爲願意不厭其煩地克服障礙的人，若不是看在打折的分上，通常原本並不打算購買這些產品，至少不會買這麼多。

你的朋友或許會問，爲什麼其他顧客不這麼做呢？你可以跟他解釋，有些人的時間比較值錢，克服這些障礙的機會成本太高。假使比爾·蓋茲（Bill Gates）夫婦六月想添購幾條毛巾，當然不需要等明年一月打折時再買。諸如此類的顧客，通常總是按標價全額付款。

如果有人問你，廠商爲什麼對寄回退款券的顧客給予折扣？你也可以提出類似的解答。時間不值什麼錢的顧客，通常不願意或沒能力在沒有折扣時購買。只有這些人才會不嫌麻煩地寄回退款券，再耐心等上可能六個月之久才收到退款支票。我老媽就是這類典型的價格敏感購買者，她一直都這麼做。如果你和她一樣，八成也屬於價格敏感購買者。要是你從來就懶得寄回退款券，多半就不是那類顧客。廠商不會想提供你折扣，因爲即使沒折扣，你還是照買不誤。

看過本書中許多個人利益與群體利益不一致的例子，你會很容易察覺身邊不乏類似的情況。舉例而言，如果你有讀高中的小孩，大概就會注意到，現在想進入頂尖大學，修習SAT預科課程似乎必不可少。可是對所有想進入名校的高中生整體而言，花在這些課程上的時間和金錢其實沒什麼意義。因爲申請進入名校本質上就像一場競賽，不管選手有多賣力，得獎名額總歸有限。

看到這類無謂的競賽氾濫的程度，還有參與者的行爲模式又與浪費資源的軍備競賽如出一轍，眞是令人怵目驚心。以大學美式足球隊爲例，爲了提升戰績，各校在教練、球員與練習設施上不惜重金。可是花的錢再多，每週六比賽時還是只有半數球隊能獲勝。

爲爭取更好成績而從事投資，卻落得效果相互抵消，往往也會引起主事者的注意，採取各項措施以限制過度投資。例如一級方程式賽車規定引擎排氣量不得超過二千四百西西，就是避免選手不斷加碼，投資馬力更強的引擎。同樣的，所有職業運動聯盟都對成員名單設下嚴格限制，以免組成球隊的成本過高。

限制軍備競賽的協議並不只出現在正式的運動競技。我們生活中有許多重要層面的「獎賞」，也是取決於相對的表現。因此我們在前面的章節中看到不少例子，像是幼稚園入學年齡的限制、學校制服的規定、工作場所安全法規，乃至禁止一夫多妻的法律等等，用意全都在於遏止各種類型的軍備競賽。如果你喜歡困難的挑戰，不妨試試這個：找出一種有組織的活動，它獎勵相對的表現，但完全不限制參與者爲求提升成績而競相從事相互抵消的投資。如果眞有這樣的活動，至少我到現在還沒發現。規則就是資料：觀察各個群體制定的規則，然後試著了解背後的目的何在。

如果你正考慮換工作，或是你的子女正爲未來該從事哪一行傷腦筋，補償性工資差異理論的例子應該有些參考價值——至少我是這麼認爲，因爲我親眼見證過這一理論如何幫助學生做出更明智的職業抉擇。許多人原本滿腦子只把高薪當成唯一目標，但正如我們前面討論過的，待遇高的工作機會免不了在其他重要層面不如人意，像是形象不佳、工作時間沒彈性、升遷困難、高危險等等。正因爲有這些不受歡迎的特性，所以才需要藉高薪來彌補。

有人固然甘心以高薪來交換，但也有人根本不了解其中存在這番取捨。就算你的經濟自然學只能算初出茅廬階段，但要察覺高報酬工作的蹊蹺已綽綽有餘。只要任何工作機會好到不像眞的，大概就眞的有問題。

你也會有能力判斷，什麼資訊可以相信，什麼時候該有所保留。如果雙方利害完全一致，就沒有誤導對方的動機。因此橋牌玩家以標準叫牌法把手裡牌的好壞告知搭檔時，對方沒理由懷疑其中有假。可是當賣方把商品品質講得天花亂墜時，買方卻有充分理由得提高警覺。經濟自然學家很清楚，除非作僞的成本太高，這些說詞才有可信度。例如賣方提供完整的保證，就是證明產品品質的可靠指標，因爲如果品質不良，賣方提供這類保證豈不是會賠本？

桌上無現金原則提醒經濟自然學家，對投資顧問的預測要有所保留。如果投資顧問宣稱某家公司股價偏低，其實就等於說桌上的現金沒人拿，可是這種好事不可能長期存在。經濟自然學家會懷疑，要是其他人知道這檔股票被低估，爲什麼不及時搶進，造成股價上漲。難不成投資顧問有什麼內線消息？精明的經濟自然學家當可輕易看穿，這種一夕致富的說詞只不過是江湖術士唬人的伎倆。

你現在擁有的經濟自然學知識，已足以幫助你在市場上做出更佳決策，不過如果能再求精進，還會有更豐碩的收穫等著你。環顧周遭環境，乃至世間萬事萬物，幾乎所有環節中，都看得到成本與效益交互作用下直接或間接的結果。有了一雙經濟自然學家的火眼金睛，日常生活處處都能發現經濟學的原理與模式。這種知性探索的樂趣，足以讓你一輩子樂此不疲。

# 註釋

## 導論：經濟自然學

① W. L. Hansen, M. K. Salemi, and J. J. Siegfried, "Use It or Lose It: Teaching Economic Literacy," *American Economic Review* (Papers and Proceedings), May (2002): 463-72.

② W. L. Hansen, M. K. Salemi, and J. J. Siegfried, "Use It or Lose It: Teaching Economic Literacy," *American Economic Review* (Papers and Proceedings), May (2002): 463-72.

③ Paul J. Ferraro and Laura O. Taylor. "Do Economists Recognize an Opportunity Cost When They See One? A Dismal Performance from the Dismal Science," *The B.E. Journals in Economic Analysis and Policy*, 4, no. 1 (2005).

④ 有關達爾文理論的精采介紹，見：Richard Dawkins, *The Selfish Gene*, Third Edition (New York: Oxford University Press, 2006).

⑤www.pbs.org/wgbh/nova/bowerbirds/courtship.html.

⑥Walter Doyle and Kathy Carter, "Narrative and Learning to Teach: Implications for Teacher-Education Curriculum," http://faculty.ed.uiuc.edu/westbury/JCS/Vol35/DOYLE.HTM

⑦Jerome Bruner, "Narrative and Paradigmatic Modes of Thought," in E. W. Eisner, ed., *Learning and Teaching the Ways of Knowing*, 84th Yearbook, pt. 2, of the National Society for the Study of Education (Chicago: University of Chicago Press, 1985), 97-115.

⑧以下的例子是根據心理學者丹尼爾・卡尼曼（Daniel Kahneman）與阿摩斯・特費斯基（Amos Tversky）的著作，我們在第九章附註還會數度引用他們的著作。

⑨Robert H. Frank and Ben S. Bernanke, *Principles of Economics* (New York: McGraw-Hill, 2000).

⑩相關法令規定爲：「使用自動提款機的指令與所有資訊均應便於視障者接近並獨立使用。」

## 1　方的牛奶盒與圓的飲料罐

①見問題四："The Math Page," www.themathpage.com/aCalc/applied.htm.

②S. S. Solomon and J. G. King, Influence of Color on Fire Vehicle Accidents," *Journal of Safety Research*, 26 (1995): 41-48; and S. S. Solomon, "Lime-Yellow Color As Related to Reduction of Serious Fire Apparatus Accidents: The Case for Visibility in Emergency Vehicle Accident Avoidance," *Journal of the American Optometric Association* 61 (1990): 827-831.

## 2 免費的花生和昂貴的電池


①M. A. Tarrazon-Herrera et al., "Effects of Bovine Somatotropin on Milk Yield and Composition in Advanced Lactation Fed Low- or High-Energy Diets," *Journal of Dairy Science* 83 (2000): 430-434.

②進一步供需模型的描述參見：R. H. Frank and Ben S. Bernanke, *Principles of Economics*, 3rd ed. (New York: McGraw-Hill, 2006).

③Deborah Kades, "The Thing About a Lot of New Houses Is They're Big: Even Retired Couples Want a Lot of Room to Rattle Around in and for Visiting Grandchildren," *The Capital Times & Wisconsin State Journal*, June 24 (2001): A5; and Kelly Greene, "Florida Frets It Doesn't Have Enough Elderly," *The Wall Street Journal*, October 18 (2002): B1.

④*The Long Tail* (New York: Hyperion, 2006).

⑤ENC, "Egg Production," www.enc-online.org/trivia.htm.

⑥"Basic Egg Facts," http://gk12calbio.berkeley.edu/lessons/eggfacts.pdf.

⑦更多討論參見：R. H. Frank and P. J. Cook, *The Winner-Take-All Society* (New York: The Free Press, 1995), chap. 8.

## 3 爲何能力相同薪資卻不同

①Forbes.com, "The Celebrity100," www.forbes.com/2006/06/12/06celebrities_money-power-celebrities-list_land.html.

②更多討論詳見··R. H. Frank and P. J. Cook, *The Winner-Take-All Society* (New York: The Free Press, 1995).

③參見··Xavier Gabaix and Augustin Landier, "Why Has CEO Pay Increased So Much?" MIT Department of Economics Working Paper No. 06-13, May 8, 2006. Available at SSRN: http://ssrn.com/abstract = 901826

④U.S. Surgeon General, *The Health Consequences of Smoking: Nicotine Addiction* (Washington, DC: United States Government Printing Office, 1988).

⑤Forbes.com, "CEO Compensation," http://www.forbes.com/lists/2006/12/Company_1.html.

⑥更深入的討論參見··R. H. Frank, *Choosing the Right Pond: Human Behavior and the Quest for Status* (New York: Oxford University Press), 1985, chaps. 3 and 4.

⑦這丨解釋完整的說明見··Edward Lazear, "Agency, Earnings Profiles, Productivity, and Hours Restrictions," *American Economic Review* 71 (1981): 606–620.

⑧更深入的討論參見··George Akerlof, "Labor Markets as Partial Gift Exchange," *Quarterly Jour-*

*nal of Economics*, November 1982, 543-569

⑨ Barry Willis, “Napster Reinstates Some Users, Attacks Offspring, Angers Madonna,” *Stereophile*, June, 2000.

⑩ Colin Camerer,Linda Babcock, George Loewenstein, and Richard Thaler, “Labor Supply of New York City Cab Drivers: One Day at a Time,” *Quarterly Journal of Economics*, 112 (1997): 407-442

⑪ 電力公司公司如何使用不同種類的設備應付尖峰與離峰需求，相關解說參見︰Public Service Commission of Wisconsin, “Electric Power Plants,” http://psc.wi.gov/thelibrary/publications/electric/electric04.pdf.

⑫ 更多討論參見︰R. H. Frank, *Choosing the Right Pond* (New York: Oxford University Press, 1985).

⑬ 保險給付如何影響醫師行爲，詳盡的討論見︰Martin Gaynor, James Rebitzer, and Lowell Taylor, “Physician Incentives in HMOs,” *Journal of Political Economy*, August 2004, 915-931.

## 4 爲什麼有人付的價錢比較貴

① 更多討論參見︰Robert H. Frank and Ben S. Bernanke, *Principles of Economics*, Third Edition (New York: McGraw-Hill, 2007) chap. 10.

② 更多討論參見︰R. H. Frank, “When Are Price Differentials Discriminatory?” *Journal of Policy*

*Analysis and Management*, Winter, 1983, 238-55.

③更多討論參見：Tim Harford, "Solving the Mystery of the Elusive 'Short' Cappuccino," *Slate*, January 6, 2006.

## 5 軍備競賽與集體的悲劇

①Garrett Hardin, "The Tragedy of the Commons," *Science* 162 (1968):1243-1248.

②Center for Disease Control and Prevention web site at www.cdc.gov/drugresistance/community.

③*Sense and Sensibility*, (Philadelphia: Courage Books, 1996), p. 44.

④Caroline Cox, *Stiletto* (New York: Collins Design, 2004).

⑤Thomas Schelling, *Micromotives and Macrobehavior* (New York: Norton, 1978). 本書除了發深省的觀念，也是一本絕佳的讀物。

⑥Thomas Schelling, *Micromotives and Macrobehavior* (New York: Norton, 1978).

## 6 所有權的迷思

①更多討論參見：Stephen Holmes and Cass Sunstein, *The Cost of Rights: Why Liberty Depends on Taxes* (New York: Norton, 1999).

②*Ploof v. Putnam, 81 Vt. 471, 71 A. 188* (1908).

③更深入探討參見：Martin Bailey, "Approximate Optimality of Aboriginal Property Rights," *Journal of Law and Economics*, April 1992, 183-198.

④更深入探討參見：Cora Jordan, "Tresspass, Adverse Possession, and Easements," Lectric Law Library, www.lectlaw.com/files/lat06.htm.

⑤更深入探討參見：Prosanta Chakrabarty, "Huso Huso (Beluga Sturgeon)," Animal Diversity Web, University of Michigan Museum of Zoology, http://animaldiversity.ummz.umich.edu/site/accounts/information/Huso_huso.html.

⑥二〇〇四年，百事達成立租書事業 Bookbuster，新書每週租金五．九九美元，但顧客並不踴躍。

⑦更深入探討參見：R. H. Frank, *Choosing the Right Pond* (New York: Oxford University Press, 1985).

⑧George Akerlof, "The Economics of Caste and of the Rat Race and Other Woeful Tales," *Quarterly Journal of Economics*, November 1976, 599-617.

⑨相關報導："Spanish Fashion Show Rejects Too-Skinny Models," http://www.msnbc.msn.com/id/14748549

⑩相關報導："As Models Strut in London, New Call to Ban the Skeletal," *New York Times*, September 17, 2006.

⑪更多有關校車是否需要安全帶的討論參見：National Highway Traffic Safety Administration,

"School Bus Crashworthiness Research," http://www-nrd.nhtsa.dot.gov/departments/nrd-11/SchoolBus.html.

⑫ Nick Anderson and David Cho, "Bus Crash Renews Debate on Seat Belts," *Washington Post*, April 19, 2005, B1.

⑬ Richard Posner, *Economic Analysis of Law*, 2nd ed. (Boston: Little Brown, 1977).

⑭ George J. Stigler, 1971. "The Theory of Economic Regulation." *Bell Journal of Economics and Management Science*, Spring, 1971, 3-21.

⑮ S. G. Klauer et al., *The Impact of Driver Inattention on Near-Crash/Crash Risk* (Springfield, Virginia: National Technical Information Service, April 2006). Also available at www-nrd.nhtsa.dot.gov/departments/nrd-13/810594/images/810594.pdf.

⑯ National Conference of State Legislatures, "Radar Detectors, Lasers and Scanners: A Legislative Overview," www.ncsl.org/programs/transportation/radar.htm.

⑰ Thomas Gilovich, *How We Know What Isn't So* (New York: Free Press, 1990).

## 7 解讀市場訊號

① Roni Michaely and Kent Womack, "Conflict of Interest and the Credibility of Underwriter Analyst Recommendations," *Review of Financial Studies* 12, no. 4 (1999): 653-686.

② www.turtletrader.com/analysts-bias.html.

③ John R. Krebs and Richard Dawkins, "Animal Signals: Mind Reading and Manipulation," in J. R. Krebs and N. B. Davies, eds., *Behavioral Ecology: An Evolutionary Approach* (Oxford: Blackwell Scientific, 1984), 282-309.

④ R. H. Frank, "How Long Is a Spell of Unemployment?" *Econometrica*, March 1978, 295. 以目前的標準來看，這篇摘錄論文用到的數學模型實在算小兒科。不過爲了不得罪同行，這裡還是選了一篇自己以前的文章作例子。

⑤ Maria Lugones, "The Tactical Strategies of the Streetwalker," *Pilgrimages/Peregrinajes: Theorizing Coalition against Multiple Oppressions* (Lanham, Maryland: Rowman & Littlefield, 2003), 207-237.

⑥ George Akerlof, "The Market for 'Lemons': Quality Uncertainty and the Market Mechanism," *Quarterly Journal of Economics* 84, no. 3 (1970): 488-500.

⑦ T. D. Cook and D. T. Campbell, *Quasi-Experimentation: Design and Analysis Issues for Field Settings* (Chicago: Rand McNally, 1979), 52ff.

⑧ Daniel Kahneman and Amos Tversky, "On the Psychology of Prediction," *Psych Review* 80 (1973): 237-251.

⑨ Robert Cialdini, *Influence: Science and Practice*, 3rd Edition (New York: Harper Collins, 1993).

See also Thomas C. Gee, "Students' Responses to Teacher Comments," *Research in the Teaching of English*, Fall 1972, 212-221; Winnifred Taylor and K. C. Hoedt, "The Effect of Praise on the Quantity and Quality of Creative Writing," *Journal of Educational Research*, October 1966, 80-83.

## 8 經濟自然學家環球行

① Jerome Kagan, *The Nature of the Child* (New York: Basic Books, 1984).

② Container Recycling Institute, "The Aluminum Can's Dirty Little Secret," http://container-recycling.org/mediafold/newsrelease/aluminum/2006-5-AlumDirty.htm.

③ Aluminum Association, "Brazil World Record Holder in Aluminum Can Recycling Rate," www.aluminum.org/Template.cfm?Section = Home&template =/ContentManagement/ContentDisplay.cfm&ContentID = 6669.

④ Pat Franklin, "$600 Million Worth of Used Aluminum Beverage Cans Landfilled in 1996," http://containerrecycling.org/mediafold/newsrelease/aluminum/1997-4alum.htm.

⑤ "OECD Standardized Unemployment Rates," www.oecd.org/dataoecd/46/33/37668128.pdf.

⑥ Thomas Pugel, "How Sweet It Is (or Isn't)," in Thomas Pugel, *International Economics*, 13th ed. (New York: McGraw-Hill, 2006), p. 202.

⑦ Thomas Pugel, *International Economics*, 13th ed. (New York: McGraw-Hill, 2006), p. 202.

⑧有關新加坡政府對私家車課徵的各類稅費，見··ExPat Singapore, "Owning a Vehicle," www.expatsingapore.com/once/cost.shtml.

⑨Miki Tanikawa, "Japanese Weddings: Long and Lavish (Boss Is Invited)," *New York Times*, February 26, 1995, http://query.nytimes.com/gst/fullpage.html?res=990CE7D6143FF935A15751C0A963958260.

## 9 當心理學遇上經濟學

①Daniel Kahneman, Paul Slovic, and Amos Tversky, *Judgment under Uncertainty: Heuristics and Biases* (New York: Cambridge University Press, 1982); Thomas Gilovich, Dale Griffin, and Daniel Kahneman, eds., *Heuristics and Biases: The Psychology of Intuitive Judgment* (New York: Cambridge University Press, 2002); and Richard Thaler, *The Winner's Curse* (Princeton, NJ: Princeton University Press, 1994).

②Amos Tversky and Daniel Kahneman, "Judgment under Uncertainty: Heuristics and Biases," *Science* 185 (1974): 1124-1130.

③Katharyn Jeffreys, "MIT Suicides Reflect National Trends," *The Tech*, February 18, 2000, http://wwwtech.mit.edu/V120/N6/comp6.6n.html.

④Amos Tversky and Daniel Kahneman, "Judgment under Uncertainty: Heuristics and Biases,"

*Science* 185 (1974): 1124-1130.

⑤ Itamar Simonson and Amos Tversky, "Choice in Context: Trade-off Contrast and Extremeness Aversion," *Journal of Marketing Research*, August 1992, 281-295.

⑥ Richard Thaler, "Mental Accounting and Consumer Choice," *Marketing Science*, Summer 1985, 199-214.

⑦ Geoffrey White and Flannery Hauck, eds., *Campus, Inc.: Corporate Power in the Ivory Tower* (New York: Prometheus Books, 2000).

⑧ Richard Thaler, "Interindustry Wage Differentials," *Journal of Economic Perspecitves*, Spring 1989, 181-193

⑨ CNN.com, "Some Employers Shift into High Gear to Keep Good Workers," www.cnn.com/US/9907/01/wage.pressures.

⑩ Richard Thaler, "Mental Accounting and Consumer Choice," *Marketing Science*, Summer 1985, 199-214.

⑪ George A. Akerlof and Rachel E. Kranton, "Economics and Identity," *Quarterly Journal of Economics*, August 2000, 715-753.

⑫ 如果大家都不遵守先來先走的規範，所有北向車會先過橋。第一輛車過橋耗時三十秒，但接下來每部車都只比前一部晚十秒就過完橋。因此橋頭第一輛南向車等待所有北向車過完橋，總共時間

是兩分鐘(第一輛三十秒，加上其後每輛車十秒)。第二輛南向車等待時間會少十秒(因爲比第一輛慢十秒到)，以後各輛南向車等待時間都比前一輛少十秒。因此十輛南向車總共等待時間爲十二分三十秒。

⑬第一輛北向車過橋後，由第一輛南向車過橋，然後是第二輛北向車，然後是第二輛南向車，依此類推。第一輛南向車的等待時間爲三十秒(比前一種狀況短九十秒)。因此這一規範對第一輛南向車相當有利。但第二輛北向車要等五十秒才能過橋(等第一輛北向車二十秒，加上等第一輛南向車三十秒)。第二輛南向車要等的時間則是一分二十秒(由於比第一輛車晚十秒到，所以等第一輛北向車二十秒，還有第一輛南向車與第二輛北向車各三十秒)。以下各表分別列出遵守先來先走規範下，各車到達時間、上橋時間與等待時間。

一、到達時間（分：秒）

| | 一 | 二 | 三 | 四 | 五 | 六 | 七 | 八 | 九 | 一〇 |
|---|---|---|---|---|---|---|---|---|---|---|
| 北向車 | 〇：〇〇 | 〇：一〇 | 〇：二〇 | 〇：三〇 | 〇：四〇 | 〇：五〇 | 〇：六〇 | 〇：七〇 | 〇：八〇 | 〇：九〇 |
| 南向車 | 〇：〇〇+ | 〇：一〇 | 〇：二〇 | 〇：三〇 | 〇：四〇 | 〇：五〇 | 〇：六〇 | 〇：七〇 | 〇：八〇 | 〇：九〇 |

二、上橋時間

| | 一 | 二 | 三 | 四 | 五 | 六 | 七 | 八 | 九 | 一〇 |
|---|---|---|---|---|---|---|---|---|---|---|
| 北向車 | 〇：〇〇 | 一：〇〇 | 二：〇〇 | 三：〇〇 | 四：〇〇 | 五：〇〇 | 六：〇〇 | 七：〇〇 | 八：〇〇 | 九：〇〇 |
| 南向車 | 〇：三〇+ | 一：三〇 | 二：三〇 | 三：三〇 | 四：三〇 | 五：三〇 | 六：三〇 | 七：三〇 | 八：三〇 | 九：三〇 |

三、等待時間（上橋時間減到達時間）

| | 一 | 二 | 三 | 四 | 五 | 六 | 七 | 八 | 九 | 一〇 | 合計 |
|---|---|---|---|---|---|---|---|---|---|---|---|
| 北向車 | 〇：〇〇 | 〇：五〇 | 一：四〇 | 二：三〇 | 三：二〇 | 四：一〇 | 五：〇〇 | 五：五〇 | 六：四〇 | 七：三〇 | 三七：三〇 |
| 南向車 | 〇：三〇+ | 一：二〇 | 二：一〇 | 三：〇〇 | 三：五〇 | 四：四〇 | 五：三〇 | 六：二〇 | 七：一〇 | 八：〇〇 | 四二：三〇 |
| | | | | | | | | | | | 八〇：〇〇 |

## 10 兩性關係的非正式市場

① D. M. Buss and M. Barnes, “Preferences in Human Mate Selection,” *Journal of Personality and Social Psychology* 50 (1986): 559-570.

② Deborah Siegel, “The New Trophy Wife,” *Psychology Today*, Jan/Feb 2004, www.psychologytoday.com/articles/index.php?term = pto-20040107-000008&page = 1; and “What Men Want from Marriage,” *Ladies’ Home Journal’s Special Report*, June 2003, www.meredith.com/

NewsReleases/Mgz/LHJ/lhj0603stateofunion.htm.

③資料來源：U.S. Census Bureau's Current Population Survey, March Annual Social and Economic Supplements, 2004 and earlier.

④Australian Bureau of Statistics, *Yearbook Australia*, 2004, www.abs.gov.au/Ausstats/abs@.nsf/Lookup/62F9022555D5DE7ACA256DEA00053A15.

⑤美國普查局。女人：http://www.census.gov/population/www/socdemo/fertility/slideshow/ACSMF/TextOnly/slide11.html. 男人：http://www.census.gov/population/www/socdemo/fertility/slideshow/ACSMF/TextOnly/slide12.html.

⑥Paul H. Jacobson, "Differentials in Divorce By Duration of Marriage and Size of Family" *American Sociological Review*, April 1950, 239.

⑦"Uniformed Services Former Spouses' Protection Act Bulletin Fact Sheet," www.dod.mil/dfas/militarypay/garnishment/fsfact.html.

⑧S. Kanazawa and J. Kovar, "Why Beautiful People are More Intelligent," *Intelligence* 32, (2004): 227-243.

⑨S. Feinman, S and G.W. Gill, "Sex Differences in Physical Attractiveness Preferences," *Journal of Social Psychology* 105 (1978):43-52.

⑩R. H. Frank, *Passions Within Reason: The Strategic Role of the Emotions* (New York: Norton,

1988), chap. 10.

⑪B. Murstein, M. Cerreto, and M. MacDonald, “A Theory and Investigation of the Effect of Exchange Orientation on Marriage and Friendship,” *Journal of Marriage and the Family* 39 (1977): 155–162.

# 問題索引

含提問人及所在頁數

## 1 方的牛奶盒與圓的飲料罐

產品設計經濟學

## 2 免費的花生和昂貴的電池

真實世界的供給與需求

## 4 爲什麼有人付的價錢比較貴

折扣定價經濟學

## 5 軍備競賽與集體的悲劇

「看不見的手」效應

## 6 所有權的迷思

誰才是主人

## 7 解讀市場訊號

不完整資訊的因應之道

## 9 當心理學遇上經濟學

行為經濟學

## 11 兩份學生作業

# 圖片版權

18頁：Drawing by Mick Stevens.
19頁：Drawing by Ed Arno © 1974 *The New Yorker Magazine*, Inc.
25頁：Photo by Stan Russell.
26頁：Photo by David Levine.
43頁：Drawing by Mick Stevens.
47頁：Drawing by Mick Stevens.
52頁：Drawing by Mick Stevens.
65頁：Drawing by Mick Stevens.
74頁：Drawing by Mick Stevens.
80頁：左 Courtesy Sony BMG.；右 Courtesy Universal Music.
85頁：Photo courtesy *Elle* magazine.

92頁・Photo by Stephen Crowley/*New York Times*.
97頁・Drawing by Mick Stevens.
103頁・Photo by Chris Frank.
118頁・Drawing by Mick Stevens.
124頁・Photo by June Marie Sobrito.
139頁・Photo by Duke Conrad.
140頁・Photo by Christian Boice.
143頁・Drawing by Mick Stevens.
150頁・Drawing by Mick Stevens.
160頁・Drawing by Mick Stevens.
163頁・Drawing by Mick Stevens.
173頁・Photo by Bernat Armangue/AP.
176頁・Drawing by Mick Stevens.
193頁・Drawing by Mick Stevens.
195頁・Drawing by Mick Stevens.
221頁・Drawing by Mick Stevens.
225頁・Drawing by Mick Stevens.

232頁・・Photo courtesy Hearts on Fire.
245頁・・Drawing by Mick Stevens.
248頁・・Drawing by Mick Stevens.
253頁・・Drawing by Mick Stevens.
269頁・・Scott Adams, Inc./Dist. by UFS, Inc.

**國家圖書館出版品預行編目 (CIP) 資料**

經濟自然學：為什麼經濟學可以解釋幾乎所有的事物／
羅伯・法蘭克（Robert H. Frank）著；李明譯 .
-- 二版 . -- 臺北市 : 大塊文化 , 2019.08
320 面；14x20 公分 . -- (from ; 52)
10 週年暢銷經典新版
譯自 : The economic naturalist : in search of explanations
for everyday enigmas
ISBN 978-986-213-992-9( 平裝 )

1. 經濟學

550　　108010648

LOCUS

LOCUS